城市街道设计指南

美国国家城市交通官员协会 著

杨 柳 刘大川 胡一可 译

张 涛 审校

江苏凤凰科学技术出版社

琳达·贝利

代理执行主任

大卫·维加·巴拉乔维茨

城市设计总监

美国国家城市交通官员协会是一个非营利组织，始终致力于国家、区域和地方的大城市交通运输课题研究。美国国家城市交通官员协会将主要城市的交通部门视为区域和国家交通工作中有效和必要的合作伙伴，并保障他们在联邦决策中的利益。该组织推动了大城市交通运输思想、见解和最佳实践的交流，同时完善了城市和大都会区的合作方式所面临的关键问题。作为城市交通部门的联盟，美国国家城市交通官员协会致力于通过建立共同愿景、共享数据、在研讨会和会议上进行交流以及在成员城市之间进行定期交流，来提高街道设计和交通运输的实践能力。

美国国家城市交通官员协会董事会：

纽约，纽约州
珍妮特·萨迪克-可汗
美国国家城市交通官员协会主席
专员
运输部

旧金山，加利福尼亚州
爱德华·瑞斯金
美国国家城市交通官员协会副主席
运输总监
市交通局

芝加哥，伊利诺伊州
加布·克莱因
美国国家城市交通官员协会
专员
运输部

菲尼克斯，亚利桑那州
怀利·贝勒普
美国国家城市交通官员协会秘书
主任
街道运输部

亚特兰大，佐治亚州
理查德·门多萨
专员
公共工程部

巴尔的摩，马里兰州
威廉·M·约翰逊
主任
运输部

波士顿，马萨诸塞州
托马斯·J·廷林
专员
运输部

底特律，密歇根州
罗恩·弗里兰
首席执行官
运输部

休斯敦，得克萨斯州
杰弗里·韦瑟福德
公共工程部副主任
公共工程和工程部

洛杉矶，加利福尼亚州
杰米·德·拉维加
总经理
运输部

明尼阿波利斯市，明尼苏达州
乔恩·韦尔茨
交通和停车服务总监，
公共工程部

费城，宾夕法尼亚州
里纳·卡特勒
副市长
市长交通和公共事业办公室

波特兰，俄勒冈州
史蒂夫·诺维克
专员
运输局

西雅图，华盛顿州
彼得·哈恩
主任
运输部

华盛顿哥伦比亚特区
特里·贝拉米
主任
运输部

会员：
阿灵顿，弗吉尼亚州
奥斯汀，德克萨斯州
剑桥，马萨诸塞州
霍博肯，新泽西州
印第安纳波利斯，印第安纳州
孟菲斯，田纳西州
奥克兰，加利福尼亚州
文图拉，加利福尼亚州

前言

这本《城市街道设计指南》是多个城市发展活动的组成部分，包括从纽约到旧金山、从芝加哥到休斯顿等诸多城市。我们正共同致力于建设可持续发展的街道，这将引领我们迈向21世纪，为城市街道注入新的血液。

身为美国国家城市交通官员协会主席，我领导着一些城市致力于创建城市街道的新标准。2011年，我们编著了第一版《城市自行车道设计指南》，现在，我们又要编著涉及范围更广的《城市街道设计指南》。撰写一部新指导手册的起因来源于各个城市。在过去10年里，这些城市分别针对各自的具体情况专门编著指导手册，总数超过10本。在纽约市，我们于2009年编著出版了一本新的《街道设计手册》。这些出版物摒弃了公路设计完全无法满足城市复杂需求的偏见，已然使城市街道的运行规则发生改变。

《城市街道设计指南》概述了街道设计的各种原则，这些原则正为城市所用，使街道安全而富有魅力，吸引人们在城市环境中步行、购物、停留以及驾驶。这些原则旨在创造真正为人所用的城市街道空间。这种转变与经济发展密不可分，因为美好的街道支撑了城市商业的发展。而最为重要的是，这关系到城市街道中人们的安全，无论老幼。

此外，转变需要时间，在城市的建成环境中更会遇到各种困难。纽约市和其他城市已经通过一种崭新且更加快速的实施过程，率先开启了这种街道改造之路。使用植物、挡车柱和标识等低成本材料的改进措施能在短期内带来巨大效益。本指南第一次为美国乃至世界各地的城市介绍了这些快速实施项目的方法。

《城市街道设计指南》通过网络在线阅读和图书出版物两种形式，以动态且引人入胜的视觉效果，阐述了新一代城市街道设计的原则和愿景，反映了新时代的城市街道，通俗易懂且适合所有群体。

珍妮特·萨迪克-可汗

美国国家城市交通官员协会主席
纽约市交通运输委员会

关于本指南

在21世纪，城市所承受的挑战和街道承受的负担将在数量和复杂性上成倍增长。日益增长的城市人口将要求他们的街道不仅用作运送人、货物和服务的通道，而且还充当前院、公园、游乐场和公共场所。街道必须适应不断扩大的需求。它们必须是安全的、可持续的、有弹性的、多模态的、有经济效益的，同时也能容纳多种交通。

针对这些前所未有的需求，美国各地的城市正在开创一种创新的实践和专门知识，以围绕城市环境的特殊特征展开设计。从纽约的时代广场到芝加哥瓦克大道，再到洛杉矶的春街，一种更好的方法和对街道设计的理解正在我们的城市扎根。

使用这本指南

本指南的内容已被程式化，以便读者可以以非线性方式与材料互动。虽然每个部分都提供不同程度的细节和信息，但这些部分提供了不需要完整阅读之前材料的单个主题。

解决其他国家、州和地方街道问题的设计指南

本指南侧重于城市街道和公共空间的设计。虽然其他国家手册[例如美国国家高速公路和交通运输协会（AASHTO）的《公路和街道几何设计政策》]对城市街道设计进行了一般性讨论，但《城市街道设计指南》强调城市街道设计是一种独特的实践，具有自己的一套设计目标、参数和工具。

在使用标志或特定标志的情况下，本指南重点提到其对《统一交通管制设备手册》（MUTCD）的具体参考。

许多城市已经开始制定当地街道设计手册，以期在不同地方机构之间建立内部设计共识。 NACTO参考了这些指南中的材料，并敦促市政当局使用《城市街道设计指南》作为创建地方标准的基础。

值得注意的是，城市情况非常复杂。本指南中讨论的处理方法和主题必须针对不同情况和背景进行调整。NACTO鼓励在所有情况下做出良好的工程。决策应完好记录。为此，本指南列出了参考资料以及引用的相关材料和研究的链接。

其配套文件《城市自行车道设计指南》（第2版）中的指南参考材料的某些部分可通过c4cguide.org在线访问。

手册的级别

对于本指南中的大多数主题和处理方法，读者可以找到三个级别的指导。

关键点是必要的强烈共识。

建议是改善有强烈共识的元素。

可选功能是各个城市可能有所不同的元素，可能会增加价值，这取决于具体情况。

注意：某些部分仅包含一般性讨论，并且没有关键点、建议或可选功能。

（上图）渲染的关键点用黄色突出显示。有的是指正在讨论的处理方法或主题，有的是指所显示图像的主旨。

目录

街道

街道设计元素

临时性设计策略

道路交叉路口

交叉路口设计元素

设计控制参数

街道

街道设计原则

- 关键原则
- 改造阶段
- 不同环境中的街道设计
- 城市中心区单行道
- 城市中心区双行道
- 城市中心区大街
- 邻里街区的主要街道
- 邻里街区街道
- 收费街道
- 林荫大道
- 社区林荫路
- 公交走廊
- 绿化街巷
- 商业街巷
- 社区共享街道
- 商业区共享街道

街道是我们共同的生命线，是城市经济的基础。街道占有80%以上的城市公共空间，可促进商业活动，为居民提供休闲庭院空间，并为人们提供四处游玩的安全空间，无论是步行、骑自行车、驾驶汽车或使用公共交通工具。设计需要考虑街道在城市中扮演的每一个角色，面面俱到才能有效激发城市活力。

街道设计原则

《城市街道设计指南》提出一种新的街道设计方法，来满足当今的需求与未来的挑战。街道不仅是交通运输的动脉，也是人们活动的公共空间，基于此原则，本书着重强调街道促进城市转型这一作用。本指南融合了美国前沿的城市工程师与设计师所提倡的相关策略和技术。

关键原则

在城市环境中，街道设计必须满足人们在受限空间内步行、驾驶、骑行和乘坐公共交通工具等的需求。优秀的街道设计还会提升沿街商店、办公楼和学校的功能价值。

街道是公共空间

街道通常是城市中最重要但尚未被充分利用的公共空间。除了为通行提供空间外，街道在城市和社区的公共生活中也发挥着巨大作用，在将街道作为通行路线设计的同时，也应该将其作为公共空间进行设计。

好的街道支撑着巨大的商业利益

各城市已经意识到，街道既是功能元素，也是经济资产。精心设计的街道会为沿街商业带来更高的收益，为业主创造更多的价值。[1]

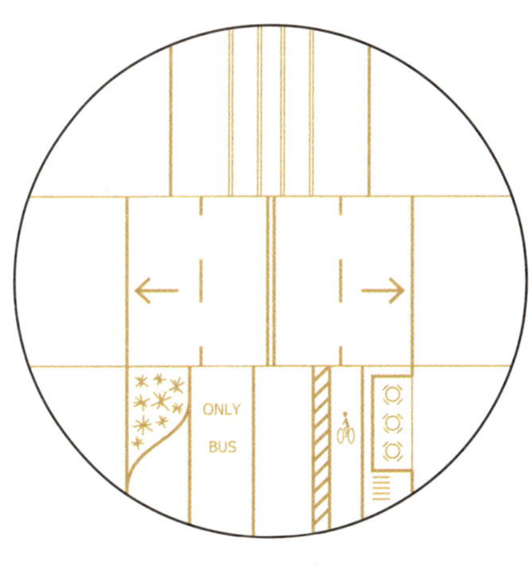

街道是可以改变的

交通工程师在建筑围护结构外的街道范围内可以灵活工作，包括迁移路缘石、更改交通标线、使转角光线充足等，必要时也可重新组织交通流向。大多数城市街道都建造或改造于不同时期，需要重新进行路面布置来满足新的需求。街道空间也可以改为其他用途，例如街旁休憩区、自行车共享空间以及交通稳静化设施等。

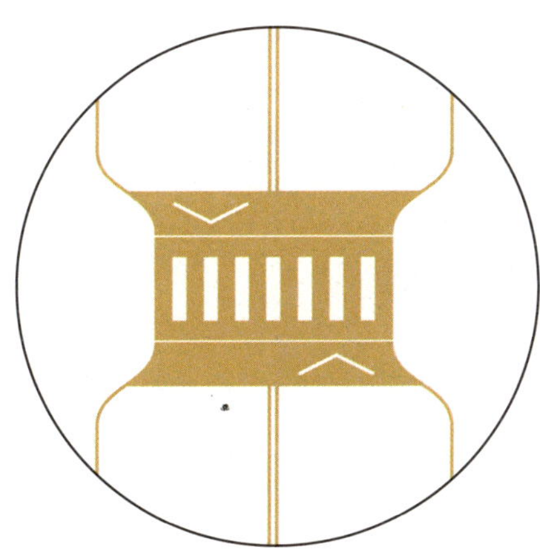

为安全而设计

2012年，美国有超过34 000人死于交通事故，5~14岁儿童死亡的主要原因也是交通事故。这些数以万计的伤亡本都是可以避免的。通过街道设计，为人们提供安全的步行、停车、购物、骑行、工作和驾驶的空间，交通工程师有能力并且有责任在这方面做到更好。

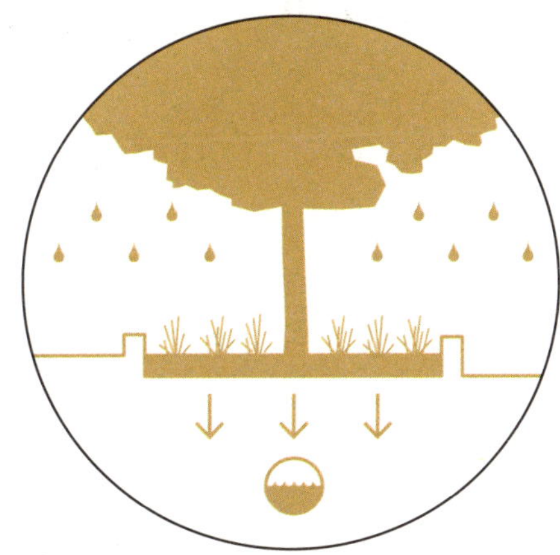

街道是生态系统

街道应设计为人工环境与自然系统相互作用的生态系统。透水铺装和生态种植沟将雨水径流引至遮阴的行道树处，这对城市健康发展至关重要，生态学有潜力成为长期、可持续设计的驱动力。

即刻采取行动！

项目实施快捷并使用低成本材料，有助于公众了解决策信息。美国城市已经采用分阶段式方法对街道进行重大调整，即短期使用临时材料，一旦资金到位并经公众彻底测试通过，随即使用永久性材料进行替代。

改造阶段

书中所示街道分为三个改造阶段：现状阶段、临时性过渡阶段和重建阶段。

临时性街道设计调整可以使用低成本材料来实施。这些临时性策略可在短期内实现全面重建，并有助于项目寻求支持或对成果进行检测。并非所有项目都应该或需要经过这三个阶段，但多数项目可从中获益。

现状阶段

现有条件展示了传统设计元素如何对人们体验街景产生了不利影响，如宽车道和未分区的街道空间等。

临时性过渡阶段

道路标线施划与低成本材料的运用可在短期内实现全面重建，同时允许城市对改造结果进行检测，并随之调整设计方案。

重建阶段

全部重建需要5~10年的时间。完全升级改造可能包括建设新的排水系统和雨洪管理设施、抬高自行车道、加宽人行道、增设交通稳静化设施等。

不同环境中的街道设计

在街道设计中，环境是一个重要却时常被忽略的因素。街道设计既要体现出人们期望的公共领域特征，又要对其产生影响。

立足于城市目标和政策，设计师可以通过街道设计实现毗连社区的愿景，努力改善周围环境。

商业地带

一条交通路线会穿过城市内多种环境区域，每一部分都具有不同的特点和使用模式。右图中，一条道路穿过机动车为主的商业区，但通行宽度却与下图中的两条街道相同。

居住区林荫路

相同的道路用地所起作用不同。在经过居住区时，街道的功能为绿化、路边停车和林荫人行道。

城市中心区街道

在商业区的核心地带，道路用地变成繁忙的服务于市中心的空间，挤满了公交车、小汽车、自行车和行人。

城市中心区单行道

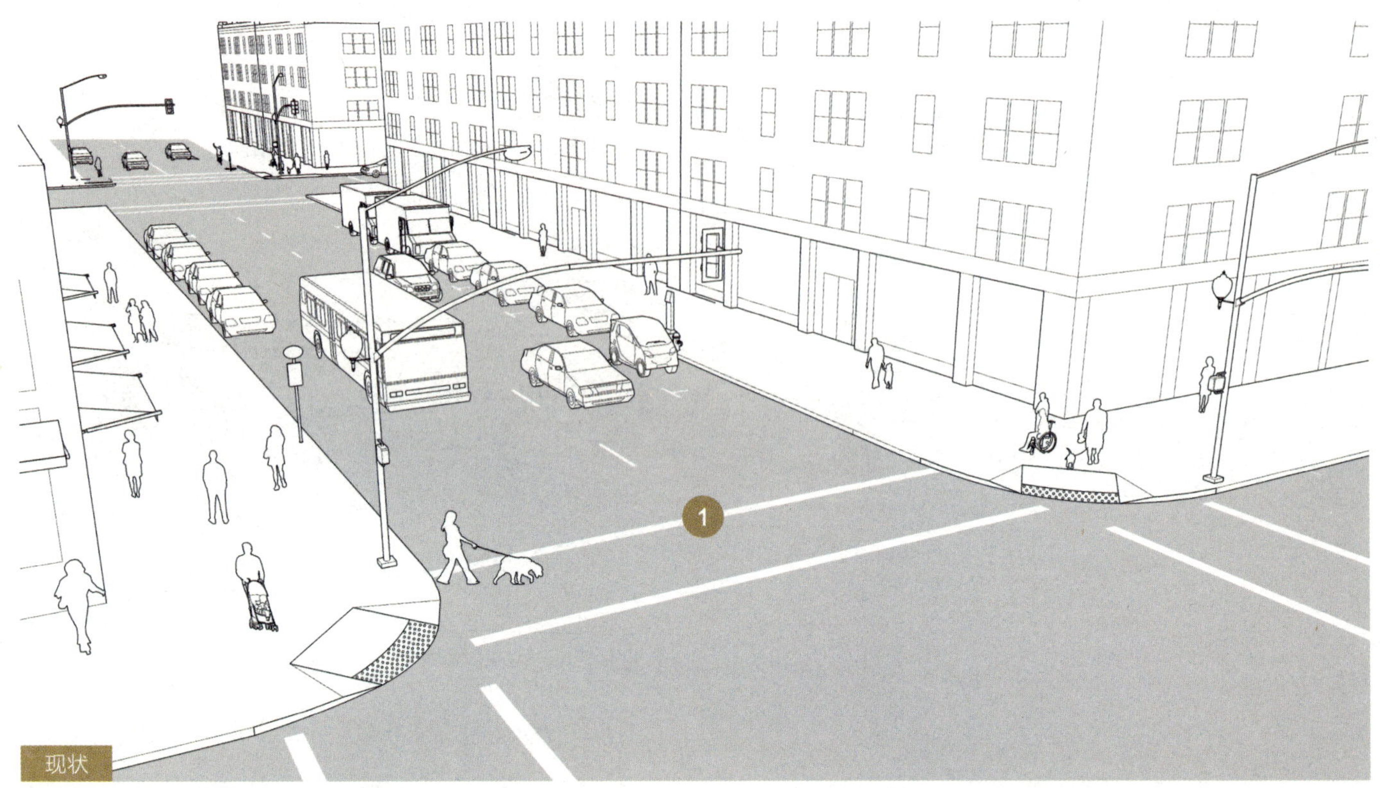

20世纪中期，许多城市将双向车道改造成单行道，以简化交通运营模式、减少冲突，并为城市新建的高速公路提供直接接入点。如今，多数这种街道的交通流量明显低于其通行能力，造成市中心区路面空旷。现在，许多城市在将街道改回双向通行的同时，又利用自行车道和公交车道将原本宽阔的街道缩窄，这样做只需要很少的成本，也优化了街道作为公共空间的使用。

现状

上图所示是多数城市中心街道的典型现状。大多数这样的街道都是为15分钟高峰期而设计，一天中其他时间段的交通量则远低于设计容量。

1 宽阔的、未分区的车行道虽然会提升车速，但是宝贵的街道空间并未得到充分利用。

多数市中心单行的行车道都没有额外的交通容量，或是有高峰期限制停车的区域。

骑行者在高速车流和车门危险区内骑行时感到十分不安。并排停放的车辆可能会导致骑行者陷入无法预知的车流动势中，使汽车驾驶员与骑行者都陷入危险之中。

建议

2 公交车十分拥挤的城市中心区街道可在路侧设置红色的公交专用车道。公交专用车道需要运用强制措施，如果没有适当的措施，就可能被并排停放的车辆和装载货物的车辆占用。公交专用车道要与公交站台、候车亭和公交信号紧密结合，从而提高交通效率。

要分析现有交通流量，以便确定是否可以取消高峰期车道，并将其转换为沿街停车位、公交站、自行车道，或是增加步行空间。转换未被充分利用的车行道另作他用，可消除道路中的潜在冲突，改善交通运营。

3 在单行道左侧设置凸起自行车道，或作为停车缓冲区，均可消除骑行者与公交车流的潜在冲突，并形成一个安全岛，缩减行人在车流中的停留时间。

注意：双向自行车道在某些情况下也可在单行道上有效运行。在设置双向自行车道的地方，要考虑使用自行车信号灯、转向限制以及提高能见度、使司机在交叉口处减速等方法，从而缓解逆向转弯冲突。

4 作为全面重建的组成部分，要考虑加宽人行道，特别是此前为了增加行车道而缩窄过的人行道。

上图所示街道用地宽度为86英尺（26.2米），通行宽度为46英尺（14米）。

纽约州纽约

2010年，纽约市第一大道重新设计了单向自行车道、精选巴士服务和行人安全岛。新设计不仅为骑行者开辟出新空间，也缩短了行人过长的、危险的穿行距离。第一大道从此成为城市主干道改造的成功案例。

城市中心区双行道

繁忙的城市双向道通常是最难重新布置和更新的城市街道。多数街道都存在双重停车、与装载车辆停靠的冲突、转弯车流量大等问题，为骑行者和行人提供的空间又不足。要通过缩窄车行道和传统的自行车道形式来改造受限制的双向道，或增设自行车道，从而减少道路整体宽度，并提供更高质量的骑行服务。

现状

上图所示是中心商业区的一条受到限制的双向道。许多市中心街道被改为单行道，然而也有一些街道没有改，造成街道上公交车、自行车、行人和汽车严重拥堵。尤其在那些老城市，这些街道可能是有多种交通模式的主干道。

1 在主要的公交路线中，路边公交车站可能会被并排停靠的车辆和交通高峰期的拥堵所干扰。这些阻碍都破坏了公交车辆的可靠性和准时性。

缺乏交通组织与标线施划的路段会导致并排停车和路面空间被随意使用。

运输车辆在交通高峰期并排停车，会导致交通瘫痪，并对驾驶员与骑行者造成安全隐患。

伊利诺伊州芝加哥

加利福尼亚州旧金山

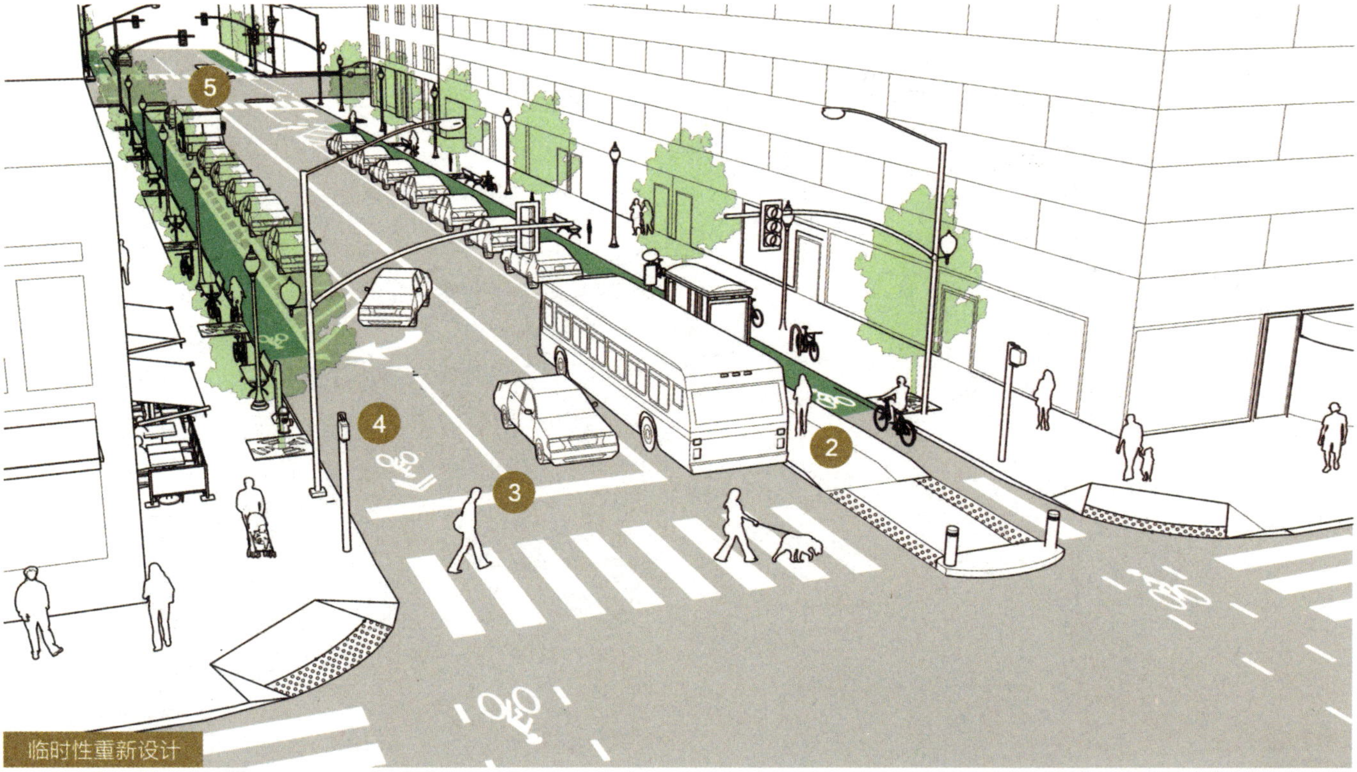

临时性重新设计

建议

2 公交站台为乘客提供专用候车区，同时减少行人穿行时暴露在车流中的时间。若条件允许，远端式公交停靠站台的布局形式要胜于近端式布局。在右转车辆很可能于右转车道排队的情况下，要为近端式公交停靠站台设置转弯限制。如果公交停靠站只略微偏离路缘，或者设计为自行车可以穿行的岛式公交站，就可在短期内建成，而且不影响排水设施。

3 要利用标线施划、自行车道和窄车道使道路通行清晰明了。

4 交叉路口处的自行车道需高度重视。应使用色彩鲜亮的交叉口穿行标志，以避免各种冲突的发生。自行车道可能需要设置自行车信号灯，以确保沿线通行安全，但在临时设计阶段，骑行者也可使用行人信号灯。转弯处的冲突可通过实施转弯限制而得到缓解。

5 限制货运配送，或者鼓励非高峰期货物运输通行，是消除双重停车拥堵的关键。非高峰期货运配送更快、更经济划算，而且能避免对自行车道造成阻碍、对公交车和当地交通造成拥堵。在装卸货高峰时段，应提供专用装载区，以避免货车并排停放。在这些情况下，设计师也可考虑设置较宽的停车车道。[1]

上图所示街道用地宽度为80英尺（20.3米），通行宽度为50英尺（15.2米）。

华盛顿州西雅图

西雅图的这条街道利用道路中央绿化带来减慢车速。

城市中心区大街

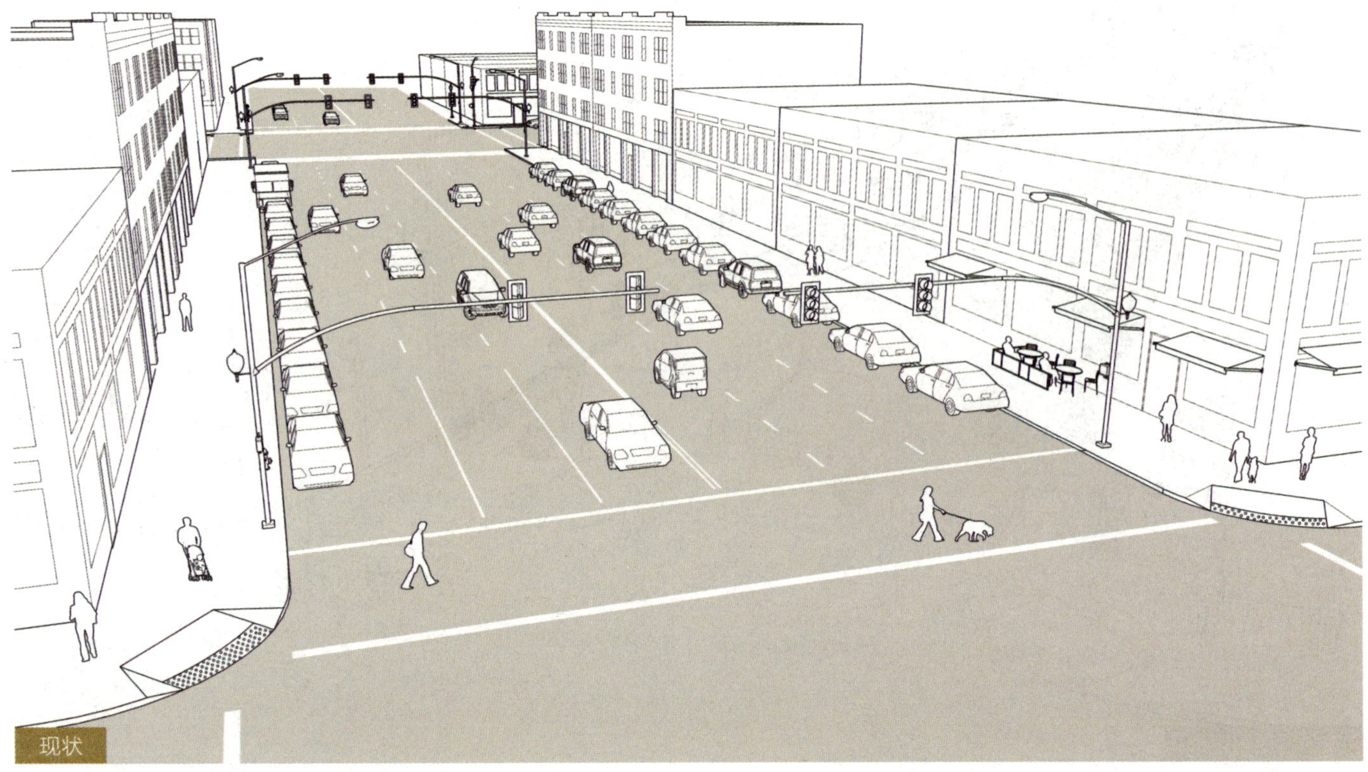

连接相邻街区中心或贯穿市中心的主要街道会让行人望而却步、难以穿越，结果使房产价值和公共空间的质量下降。尽管多数这样的街道都在高峰期交通繁重，而且全天也活动频繁，但还是有机会为所有使用这些交通廊道的人们做出改进，可增设中央隔离带和自行车道，来丰富街道体验、缩小街道总宽度。

现状

上图所示是一条双向6~8车道的城市中心区主干道。这条路直接穿过城市核心区，是连接其他相邻街区的主要通道。巨大的转弯交通量和繁多的信号灯相位使其成为行人过街穿行的障碍。

左转弯是汽车驾驶员与行人频繁发生冲突的根源，也是迎面相撞的常见原因。

公交车延误通常是由于停靠车辆、装载车辆和直行交通等侵占公交车道引起的。骑行者在街道上没有任何通行空间，许多骑行者被迫利用人行道作为通行空间。

建议

1. 要评估左转弯的交通量、评价整个交通网络，以便确定是否在特定路口限制或取消左转弯。若必须保留左转弯，则要考虑设置分相式信号选项，提供左转专用信号灯相位。

2. 带有停车缓冲区的单向自行车道，适合设置于街道两侧，为骑行者提供高品质的通行体验。

3. 自行车道也可与侧式公交乘降岛和其他便利设施相结合，改善行人和其他使用者的通行状况。

4 在交叉路口处，单向自行车道可与右转车辆在“混行区”交叉混行，也可在转弯车流危及骑行者的舒适性和安全性的地方，为自行车设置专用信号灯相位。

可替代上述处理办法的另一个方案是，通过逐渐缩窄自行车道缓冲区，并移动最右侧车道，就可以在交叉路口处留出一个6英尺（1.8米）宽的行人安全岛和左转专用区。

许多有商业街的城市主干道都可以使用上述改造原则进行重新配置。在这种情况下，土地利用变化和出入口管理应与街道的总体愿景和重新设计方案相协调。

上图所示街道用地总宽度为114英尺（34.7米），通行宽度为84英尺（25.6米）。

纽约州布鲁克林

道路标线施划和左转路口封闭为行人提供了更好的通行区域。

邻里街区的主要街道

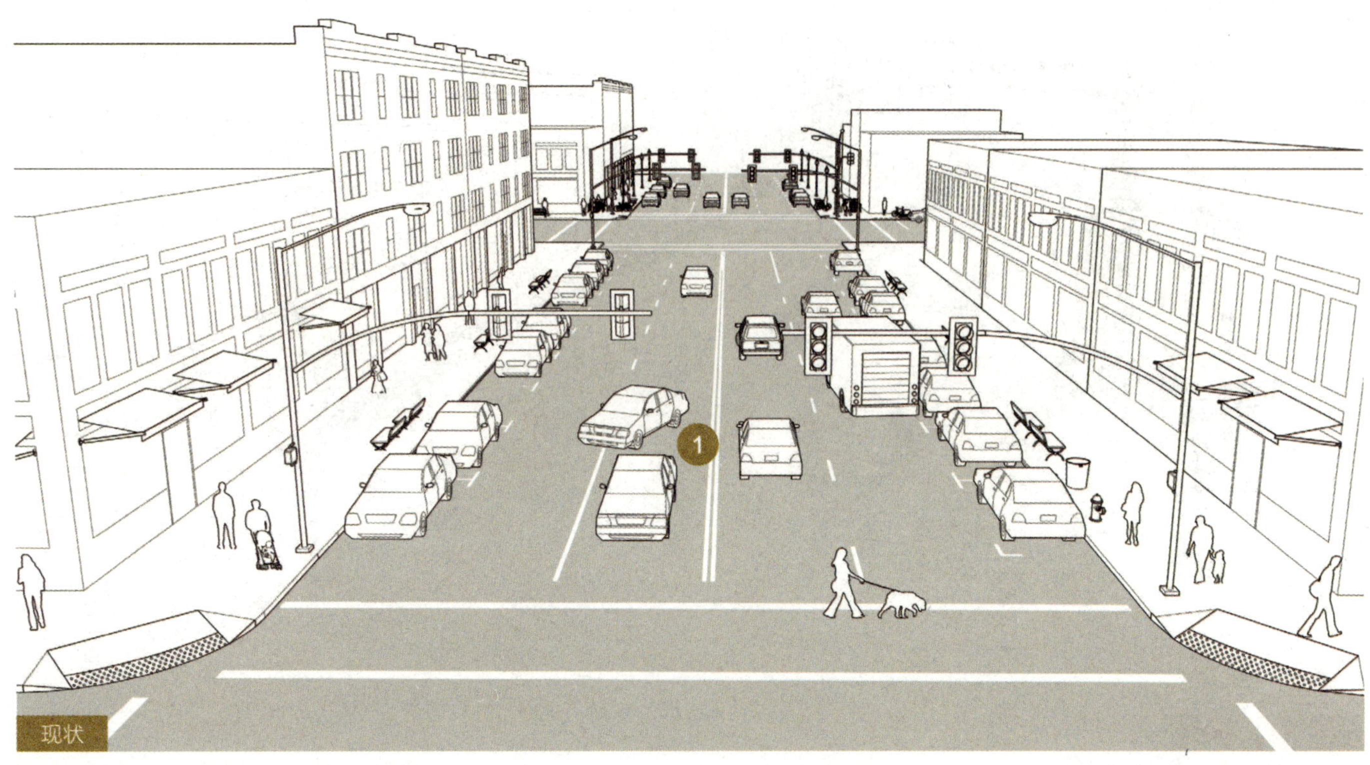

邻里街区的主要街道是邻里生活的联系纽带，步行交通量高，停车周转频繁，有关键的公交路线，还有骑行者，这些都在“争夺”有限的空间。这样的主要街道设计应限制车速，形成较窄的道路断面，并配有密集、高品质的步行交叉口。近年来，许多主要街道都有显著改善，采取的措施包括缩减路宽，以及将四车道改为带自行车道和中间转弯车道或隔离带的三车道（或六车道改为五车道）等。

现状

上图所示是一条四车道主要街道。由于交通量中等而行人活动量较大，这条街道极有重建为一个零售商业区的潜力，但是对于那些在这里购物、吃饭和散步的人来说，目前还不能令人满意。频繁地更换目的地已导致了沿街有多重转弯和交叉冲突。

1 四车道的路面结构已被证明会增加汽车追尾和侧撞事故，并且会造成较高的行人交通事故风险。[1]

建议

缩窄道路并不适用于所有四车道的道路断面，但根据邻近街道的交通量，如果每日交通量达25 000辆，那么设置三车道是可行的。[2]

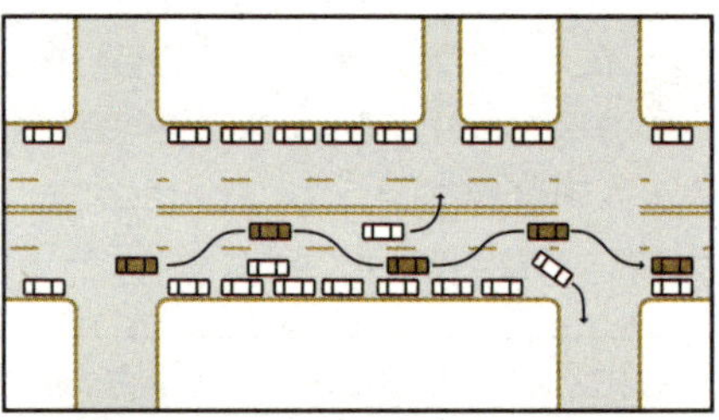

四车道路面结构的穿梭路线显示了驾驶员为避让并排停车和左、右转弯车辆的行驶路线图。

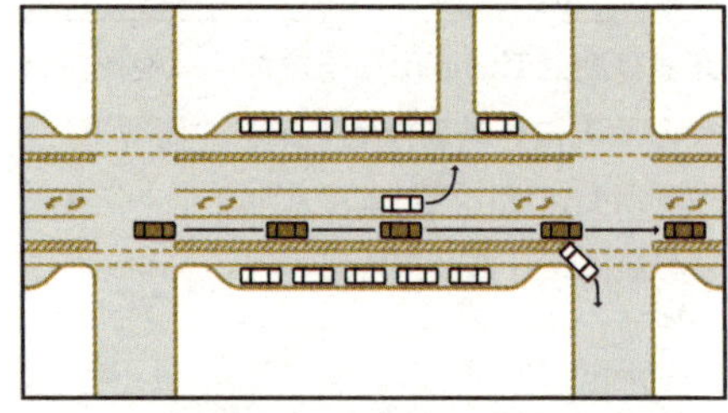

在三车道的路面结构中，交叉与冲突均可消除。

缩减道路宽度能改善交通流量，减少车辆转弯冲突，同时通过分流转弯车辆驶离直行道而提升了道路通行效率。街道无论设计成双车道还是双向左转车道，都能使交通事故风险减半。[3]

实施道路缩窄措施时，应考虑并行路线的可用性、交通方式转换的可能性，以及使用增加信号等其他交通措施。

2 转弯车道可有助于消除四车道上车辆的交叉冲突。作为上述方式的替代方案，逐渐缩窄临近交叉口的自行车道缓冲区，并将直行车道右移，就可以留出一个6英尺（1.8米）宽的行人安全岛。

3 道路缩窄措施可分两个阶段实施：第一阶段，道路仅由道路标线和中心转弯车道组成；第二阶段，用中央隔离带和绿化带来完善中心车道。

4 从经济角度来看，缩窄道路通常对当地商业活动具有积极作用，正合商业业主心意。[4]

5 将自行车等候区放置在红灯处的交通车流前面，有助于骑行者左、右转弯。在交通量较大的街道上，骑行者可选择两段式转弯。

6 对于商业繁荣、步行交通量较高且有大量商业零售活动的邻里街区的主要街道来说，街边休憩区是理想选择。

7 既有重型货运也有停车需求，同时还有路面自行车道的街道，在交叉路口附近设置专用装载区比较有利。装载区有助于减少对自行车道的阻碍，并使商业运输更加便捷。装载区可用道路标线、标志牌示意，或进行错峰运输管理。

上图所示街道用地总宽度为94英尺（28.7米），通行宽度为64英尺（19.5米）。

纽约州布鲁克林

邻里街区街道

居住区邻里的街道通常用作游憩空间。这些街道应安全宜人，可直达商店和学校。其设计可以结合雨洪管理设施、路缘扩展带、垂直限速措施以及自行车设施等，来促进车辆以安全速度通行，调节直行交通量。

建议

1. 在邻里街区的单行道上，可用道路标线标示出行车道，以便让人们感知到缩窄的道路宽度。未施划分区的行车道会使车速越来越快。已经证实，事故率随街道宽度的增加而升高。

2. 自行车道设在道路左侧降低了车门危险区产生冲突的风险，是一种适用于多数邻里街区街道的有效处理手段。

3. 凸起的人行横道或路缘扩展带可确保安全的行驶速度，并增强街道的生活氛围。[1]

上图所示街道总用地宽度为50英尺（15.2米），可通行宽度为30英尺（9.1米）。

马萨诸塞州剑桥

自行车道缩窄了这条社区车行街道，并为上班族提供了一条宝贵的低流量路线。

收费街道

居住环境内宜设置双向收费街道，人们希望这里的车辆保持低速行驶。许多收费街道有明显的路外停车规定，且路边停车的利用率为40%~60%或更少。要建立“弹性”的停车收费方案，才能提升收费街道的功能。[1]

建议

为有效发挥收费街道功能，驾驶员应自觉利用街道，避免迎面相撞事故。根据收费街道的停车率高低、是否有平齐路缘等特性，其路面布局会各有不同。两侧均可停车的街道最有效率的宽度为24~28英尺（7.3~8.5米），仅单侧停车街道则可缩窄至16英尺（4.9米）宽。[1]

1 所有的社区街道都应营造安全宜人的步行空间，并与当地商店、学校有较好的连通性。其设计应减少私人车道对社区交通造成的影响，降低穿越式交通量，并确保有益于交通安全的慢速行驶。

2 社区车道应尽量避免干扰人行道。要维护穿越社区车道的人行道标线和导视。

3 人行道的绿化种植区为设置行道树、生态种植沟、透水植物带和雨水花园等预留了可能性。

4 多数收费街道都应设置最少的引导标识和道路标线，但在转弯处或双向车道的起始点处，还应利用引导标识来标明交通通行方向。

应密切监测收费街道的停车利用情况。在改造前后，政府应与当地居民协商，以便决定道路标线是否施划出“弹性”停车方案，或者继续保持非正式状态。

上图所示街道总用地宽度为45英尺（13.7米），可通行宽度为30英尺（9.1米）。

俄勒冈州波特兰

一条路缘扩展带缩窄了道路入口，并减慢了这条收费街道路口处的转弯车速。

林荫大道

林荫大道将宽阔的街道划分成并行的城市区域，形成商业区或居住区街道边缘的缓冲空间，使其免受多向交通运行手段的高速直通道路和沿街道路的影响。许多林荫大道修建于20世纪初期，但在历经了一个世纪的时间之后，都已失修破损，或按照公路标准进行了改造。如今，许多城市正在恢复这些林荫大道的昔日风采，或者采用更新过的林荫大道设计准则来过度建造城市干道。

建议

1 交叉路口和路段中部的交通稳静化措施，以及设置行人专用区的照明和行道树，这些都对沿街道路有利，尤其是在居住环境内。这些改善措施为骑行者和行人提供了安全的通行环境，激发了娱乐和商业活动。

2 应着重关注有交叉车流的林荫大道交叉路口。糟糕的设计会造成交叉路口交通混乱，存在交通安全隐患。沿街道路通常应实行禁停管制，除非交叉路口的交通量无法为通行车流提供足够的间隔时间供人们穿行。在这种情况下，就需要沿街道路上的车辆转向，或设置一个导向标志。[1]

加利福尼亚州伯克利

沿街道路为商业零售活动提供了一个并行且低速的理想城市环境。

3 作为公共空间林荫大道的隔离带，通常疏于设计或不适合逗留。交叉路口的冲突和车辆滞留影响人们的使用。通过增加共用路径、座椅和娱乐设施等方式，能激发中间隔离带的活力。可考虑设置路缘扩展带或道路中段的人行通道，以便带动中间隔离带的使用和可达性；或者设置带有平齐路缘的沿街道路，以便实现人行道、街道和中间隔离带之间的无缝衔接。

加利福尼亚州旧金山

所有街道使用者共享低速、低交通量的沿街道路。

公交运营商可能更愿意使用沿街道路直接穿行，以减少追尾风险，并能提供直接的通道通向邻近住户与商店。如果沿街道路供公交路线使用，则应设置路缘扩展带或减速垫，并应标示出来，以确保公交服务有效运营。

4 沿街道路为周围商家和居民提供额外的停车区。若空间允许，可选择后退式斜角停车。林荫大道可设置出入口控制系统。

在周围或交通量较低的交叉路口处，可通过拓展隔离带形成“T”字形交叉口，强制车辆转向，这种路面布置形式对直行交通和中心隔离带的游憩人群均有益。同时应设置道路中段的人行通道，以确保行人可以穿行过街。

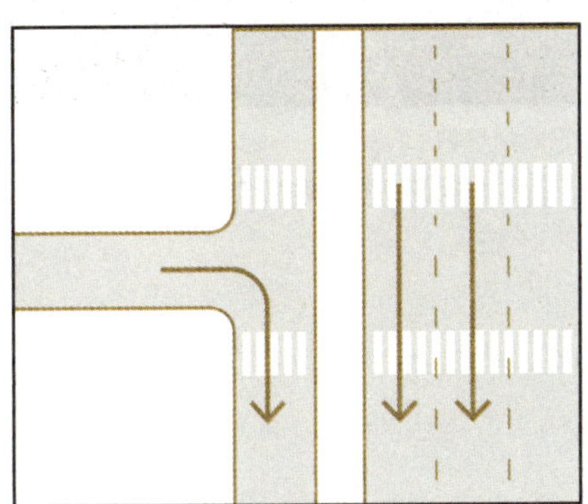

5 林荫大道中心绿化带如果有共用路径，设计时应着重考虑交叉路口处的穿行和转向冲突。利用出入口控制系统和转弯规定来消减这些冲突，确保交叉路口设有明显的标志，让驾驶者一目了然。

上图所示道路用地总宽度为164英尺（50.0米），可通行宽度为116英尺（35.4米）。

宾夕法尼亚州费城

一排排行道树营造出愉悦的步行环境，在炎炎夏日为人们提供阴凉。

社区林荫路

具有历史意义的宽阔林荫大道和风景大道常常起到高速通道的作用，即使其相邻土地的用地性质以住宅为主也是如此。多数情况下，这种街道路面过宽、沿街停车利用率不高，且车道数量多。要改造社区林荫大道，可扩展和激发中央隔离带的活力、增设路边或左侧式自行车道、增加路缘扩展带、为周围住户提供通向中央隔离带的直接入口等。

现状

上图所示是一条宽阔的社区大道，位于一片老邻里街区中，其中心绿化带未得到充分利用。虽然交通流量不大，但车速很快，道路保持像高速公路一样的交通状态。

1 许多有历史意义的道路中心绿化带未被充分利用，并且缺少休憩空间。高速穿行使居民难以安全地进入中心绿化带区域。

景观绿化道路和林荫道路尽管在活跃的交通路网中形成自然连接，但大多都缺乏安全性，也没有足够的慢行路径。

停车需求与场地利用情况则可能因为居民可用的路外停车数量而不相吻合。

马萨诸塞州波士顿

联邦大街的中央绿化带形成带状公园。

纽约州纽约

自行车道充分利用中央隔离带，并把骑行者与双重停车隔开。

上图所示街道总用地宽度为110英尺（33.5米），可通行宽度为80英尺（24.4米）。

建议

2 可利用种植行道树、增加人行道和座椅等来激活街道中心区域。宽阔的中心绿化带可成为社区焦点，也是慢行、休息和运动的活跃空间。设置路缘扩展带或道路中段的人行通道，可使居民安全便捷地进入中心绿化带。

3 凸起的自行车道使用道路中央用地，避免和私人车道、双重停车的车辆频繁发生冲突，并有效扩展了沿线休闲空间面积。

密苏里州圣路易

多数具有历史意义的邻里街区都有道路中心绿化带，其可供利用的潜力仍有待挖掘。

4 要为居民提供路边停车区。路边停车可为休憩者提供通向中心绿化带的路径，为居民家的来访者提供停车空间，并缩短道路整体断面，从而加强社区的生活氛围。沿街停车区若一直未被充分利用，可考虑增设路缘扩展带、自行车停放架，或拓宽人行道以充分利用多余的路面。

公交走廊

公交走廊包括轻轨、有轨电车和快速公交系统。公交走廊可促进以优质公交服务为中心的经济发展，同时增设步行空间环境，使其中的步行与骑行系统对公共交通有补充作用。拥挤路面的公交线路，应优先考虑改善道路紧邻区域和通行路径内的行人安全。在重新设计优质交通服务街道时，设计师不仅应评估公交服务如何受到公交走廊几何形态的影响，还应考虑现有的信号时序、信号相位、转向和其他可能危及服务质量的运行系统。

建议

1 公交走廊改造应与土地用途的改变相协调，使公交走廊经济增长和实体改造的潜力达到最大化。应根据具体情况制定建筑退后导则和其他土地管理条例，以便创造适宜步行尺度的环境。[1]

2 交通走廊两侧凸起的自行车道促进自行车与公交工具的衔接。在道路中心适宜设置单向或双向自行车道，减少与公交车辆衔接时的转弯冲突。

应采取适当的强制措施，阻止非公交车辆使用公交专用车道。特殊情况下，路中式公交专用道可作为急救车通道使用。

3 对于公交车流量较大的街道，双重停车与非公交交通会影响公交有效运行，这样的路段应考虑采用公交快速交通、轻轨或有轨电车。优质交通服务和路中式公交车道，可减少繁忙的公交路线中公交车与直行交通之间的冲突，能够加快通行速度，并增加选择公交出行的可行性。[2]

宽阔的公交走廊对于穿越单向环线是一个挑战，需考虑在缩短信号周期长度的同时，又为所有步行过街的人提供充足时间，二者之间需要平衡。

4 车外售票、检票站可提升公交车辆速度，减少乘客的等待时间。

公交信号优先系统要给公交车和轻轨等分配更多的绿灯通行时间，并应始终是快速公交或轻轨运行机制的一部分。[3]

上图所示街道总宽度为150英尺（45.7米），可通行宽度为120英尺（36.7米）。

当邻近的土地利用偏重于公交廊道的一侧时，应选取单侧式公交车、有轨电车或轻轨系统。

5 公交站设计能提高公交系统的运行速度并增加吸引力。候车亭和站台的建设应容纳高峰期常见的候车乘客数量。

在可临时停车的车道上，为避免双重停车，乘客上下车区域应设置在十字路口附近。

亚利桑那州菲尼克斯

轻轨扩建应与土地用途变化相协调，以促进公交走廊的发展。

绿化街巷

多数社区巷道的交通流量较低且维护周期长，导致路面坑洼不平且泥泞不堪。绿化街巷可使用可持续性材料、透水铺装和有效的排水系统，以便为居民散步、娱乐和交流创造有吸引力的公共空间。[1]

上图所示的小路在28英尺（8.5米）宽路面的右边包含有一条14英尺（4.2米）宽的小路。

建议

1 绿化街巷改造可采用低影响路面材料，如采用高反射率的透水铺装来减少热岛效应。

2 街巷可以用作行人专用通道或共享街道。使用挡车柱、标识牌和其他设计元素来明确限定街巷的预期使用人群。

街巷的绿化和维修应由当地居民或社区委员会发起并执行。[2]

3 为避免积水，雨水径流应直接渗入透水铺装，或流入人行道边缘的雨水花园。[3]

4 为确保安全的生活环境，绿化街巷应设置足够的照明设施。建议使用行人专用灯具，将照明尽量集中于地面，且最大限度地减少光污染。公共安全是所有新旧街巷的头等大事。良好的照明是增强街巷公共安全感的重要先决条件。

5 绿化街巷通常与主要街道网络并行，为骑行者提供低速、低流量的理想街道环境。

街巷可提供直接通往各住户的入口，这样就无需在人们步行和骑行的主要道路上再设置私人车道。在所有新开发或翻新项目中要考虑利用街巷。[4]

绿化巷道可能存在一些非常规的维护任务。在使用现有的街道清扫车和扫雪机对有纹路的路面和其他材料路面进行养护时，可能会有一定的困难。类似于共享街道，采用与扫雪机相容的材料及相应的养路设备，都对街巷的维护有利。

密歇根州底特律

底特律的这条小巷被改造后，利用透水铺装和人行道上的天然植物来管理雨水。

商业街巷

商业街巷通常被认为是脏乱或不安全的，但通过设计能够使其成为城市中心区路网中不可或缺的部分，同时改善商业区内及周边地区的步行环境。设计商业街巷应力求平衡其必要的实用功能特征和场所营造的潜力。

建议

街巷和人行道的交叉口可能会影响车辆（若允许通车）和过路行人的可视性。可抬升交叉口地面高度与人行道平齐，并增设振动警示带，缓解可视性问题。应设置警告标志来警示干扰交通的行人。[1]

货运车辆可使用绿色街巷进行装卸，从而减少社区街道的双重停车。

1 禁止或限制车辆进入时，可使用低影响性路面材料来建造商业街巷，如透水铺装或模块化铺装等。

2 自行车交通可使用商业街巷。其规则与共享空间类似。

商业街巷可在非通行时段限制交通，以便设置户外座椅或另作他用。

车辆允许进入的街巷应保持畅通，以便货车和其他运输车辆出入。隔离柱及其他街具的设计应做到尽量减少与货运的冲突。某些情况下，可使用手推车或小型货车转运货物。同时应特别注意路缘位置和装载区至入口的通道，以确保货运畅通。

上图所示小巷总宽度为20英尺（6米），可通行宽度为10英尺（3米）。

加利福尼亚州旧金山

重新设计街巷时可为出行路线铺路，增设停车限制区并增加公共空间。

社区共享街道

现状

低流量的社区街道，其人行道通常狭窄破败，老城尤为如此。事实上这些街道大多作为儿童娱乐与行人通行的共享空间，他们与驾驶员共用道路。根据其交通流量及在交通网络中的重要程度，这些街道应作为共享街道进行重新设计和改善。共享街道可以满足周边居民的需求，最重要的是创造娱乐、交流和休息的公共空间。

现状

上图描绘的居住区街道常见于交通量较低的社区。其中路网布局所形成的一段街道，自然地成为儿童玩耍与居民聚会的公共空间。

美国许多交通流量较低的居住区街道设计时没有设置人行道，这样的街道大多限制车辆进入，从而自然而然地成为共享空间。街道的设计以保持低速、低流量为目标，通过材料和针对性的设计强化措施来增强其共享特点。

建议

1 有纹路或透水铺装的路面应与路缘石平齐，可强化街道的行人优先权。特殊路面，尤其是地砖，可能会产生额外的维护成本，应根据地区气候条件和长久耐用性进行选择。对于寒冷的地区，推荐选择适合用扫雪机清扫的材料。排水管道应依据地下设施与其他现状条件，在道路中间或沿着平齐的路缘石设置。

2 街具的设置，包括隔离柱、长椅、花池和自行车停车区等，有助于限定共享空间，巧妙地把通行路线和仅限步行的空间划分开。[1]

3 应在共享街道的入口处设置共享街道标志。某些情况下，可加设改进过的“避让行人”的标志，以加强人们的初期转换意识。

所有共享空间的入口处都要设置触觉警示带，以提醒司机和行人。[2]

4 共享街道通常允许汽车驾驶员和骑行者双向通行。较窄的共享街道可仅允许汽车单向通行，自行车仍为双向通行。可针对共享街道中的汽车采取某些限制措施和管制条例，设计师应力求通过街道自身的设计细节来实施限制条例。

5 较宽的共享街道可以使用交错的绿化区、前进式停车位、后入式斜向停车位或垂直式停车位等，来创造减速弯道效应。某些情况下（居住区环境允许直接毗邻房产屋停车），可用隔离柱、铺装材料和街具等来限定停车区域，并划分出私人空间与公共空间。

必要时，可将交通网络设计和交通稳静化作为部分改造手段，来降低交通流量。

上图所示的共享道路总宽度为30英尺（9.1米），可通行宽度为20英尺（6.1米）。

加利福尼亚州圣莫妮卡

设置的标志强化了向共享街道的过渡。

加拿大卑诗省维克多利亚

交错铺装的斜向停车区使通行路径变得弯曲。

根据道路通行权情况，设计师应考虑设计3~5英尺（0.9~1.5米）的无阻碍路径，而不受交通干扰。无阻碍路径可以用花池、隔离柱和街具以及醒目的警示带或纹理铺装等来限定。对于较窄的共享街道或小巷，不建议使用无阻碍路径。

商业区共享街道

交通高峰期时，许多狭窄或拥挤的城市中心区街道可临时作为共享街道使用，但不受共享街道规则的约束。行人活跃、车流量较低或不鼓励车行的路段，应考虑作为商业共享街道。商业共享街道的设计可宽可窄，但随着道路加宽，共享街道会变得越来越复杂，而且难以维护。

从1960—1980年，许多社区主干道和市区零售商业街被改造成行人专用街道。此类转型通常被称为“步行购物街”。市中心区零售业收入下滑的时代，由于中心城区之外的购物中心飞速发展的冲击，许多转型因管理不善和缺乏规划、治安不利而失败。[1]

商业共享街道与早期步行购物街的不同之处在于其管理与实施运行两个方面。共享街道允许车辆低速驶入，并能实现货车在指定时间进行简单的装卸货。通过行人流量、设计以及其他缓解或疏导交通的信号来隐性地降低交通速度。

现状

上图表现的是许多老城区的常见景象，市中心商业街产生的时间可能在宽阔的网格街道形成之前。在新兴城市中，停车量需求大、人行道狭窄且拥挤的零售区等状况与此类似。

1 人行道拥挤会引发安全隐患，因为人群会迫使部分步行者为避开人流而走上街道。车辆为寻找路边停车位时也会造成交通拥堵。

2 货车在装卸货时会干扰行人与其他车辆通行。货车驾驶员卸货时为不干扰车流将车停在人行道上，却迫使行人与机动车交叉混行。

建议

3 有纹路或透水的路面应与路缘石平齐，强化街道的行人优先权，并划定出一条非线性通行路径或狭窄的车道。地砖等特殊路面，可能会产生额外维护成本，应根据地区气候条件和长久耐用性来进行选择。在较为寒冷的气候条件下，推荐使用适用于扫雪机的路面材料。依据整体街道宽度与其他现状条件，应将排水管道设置于道路中间，或沿着平齐的路缘石设置。通常会用排水管道从无阻碍路径中界定出通行路线。[2]

4 商业区共享街道应允许单个运输货车进入。没有商业街巷的地段，设计一条能容纳大型卡车的共享街道十分有益，但应避免对原有设计做重大改变。可以用不同的铺装图案或标线、标识来划定指定的装卸货区域。

加拿大蒙特利尔

共享街道应设计成人们能够自然舒适地行走其中的巷道。

5 可设置包括隔离柱、长椅、种植池、路灯、雕塑、树木和自行车停车区等在内的街具，并利用其位置来限定共享空间范围，巧妙地在行人专用空间中划分出通行路径。

共享街道可在每天特定时段禁止通行。可以利用移动盆栽和特定时段限制来管理共享空间。

所有共享空间入口都应设置触觉警示带。警示带应横跨整个十字路口。

共享街道应用之前，鼓励城市试验无车时段，或用临时材料进行改造尝试，以评估其对交通状况的潜在影响。

上图所示共享街道总宽度为30英尺（9.1米），可通行宽度为22英尺（6.7米）。

商业共享街道应限制公交车辆进入。对于有直达公交进入的步行街，可考虑采用公交导向区设计，建立公交中转购物中心。[3]

马萨诸塞州剑桥

街具有助于限定共享空间。

根据街道整体宽度情况，设计师可以考虑设计3~5英尺（0.9~1.5米）的无阻碍路径以免受交通干扰。无阻碍路径应该用花池、隔离柱、醒目的警示带或有纹路铺装等来限定。对于稍窄的共享街道或小巷，不建议设置无障碍路径。

剑桥共享街道

2007年，剑桥市将哈佛广场的温思罗普街（Winthrop Street）改建为共享街道。不久后又将帕尔默街（Palmer Street）改造为共享街道。在改造前，这两条街道均十分拥挤且管理不善。温思罗普街人行道狭窄，坑洼不平，步行环境甚不理想。两条街道当时均未达到《美国残疾人法案》（*The Americans with Disabilities Act*）的标准。由于日均车流量低于1000辆，且行人流量增大，街道已悄然转变为一条共享街道。

重建方案采用平齐的路缘石，提升了小街道空间的利用率，使城市容纳更多的步行者、骑行者、户外用餐者和汽车驾驶员，从而使该市正式实现交通走廊共享运行。剑桥的共享街道采用美观的设计整合并平衡了商业活动、街头表演、餐厅活动和交通运输等多种用途，并已有效的改变了公共空间。

（1）跨部门协调。

政府多部门共同协作，才使剑桥共享街道得以实现。社区发展部（the Community Development Department）通过公民咨询委员会组织设计过程并实现社区参与。公用事业部（Public Works）对项目设计在长期维护和可达性方面进行评估。交管运输部门负责监督交通和停车规范，确保货运交通依旧可行。哈佛广场商业协会、哈佛广场设计委员会及历史委员会的杰出人才，也为共享街道的成功建设做出贡献。该城市还做出了其他努力，如在其城市规范中创建了共享街道的新分类。

（2）维护。

温思罗普大街和帕尔默街均使用标准颜色的咬合式混凝土地砖，易于维护。帕尔默街使用了地面照明设施，但事实证明在维护方面有一定的困难。同样地，为保护帕尔默街建筑而设置的隔离柱也已被货车交通损毁。

（3）积雪清理和雨洪管理。

在剑桥市，居民负责清扫人行道上的积雪，市政部门负责清扫街道上的积雪。在改造为共享街道后，这些责任划分已不那么明显了。居民主动承担起哈佛广场的清雪任务。由于移除路缘改变了雨水径流方向，故雨洪管理也被考虑在列。为防止建筑周边泥泞不堪，剑桥的共享街道都向道路中间的小集水沟倾斜。

街道设计元素

从人行道到车行道再到公交车站，所有组成城市街道的元素都在争夺有限的用地空间。交通规划师和工程师可以利用这本工具书来优化街道，从而为社区提供更多便利。

车道宽度

为汽车、公交车、货车、自行车及停靠车辆等分配车道宽度，是街道设计中敏感而又关键的一步。应在特定街道的全部空间范围内考虑车道宽度，通过空间划定来满足车行道、安全岛、自行车道和人行道的各种需求。不仅要为诸如卡车和公交车这样的大型车辆提供足够的空间，还要了解交通稳静化的目标，从而设计每条车道的宽度。

用行车道标线来限定交通廊道沿线的预期车行路线。通常来说，较宽的行车道[11~13英尺（3.4~4米）]有利于为驾驶员提供更大的缓冲空间，尤其是在高速行驶环境中；而窄车道则会使人缺乏安全感，或增加侧撞风险。

然而一项新研究报告称，从历史上来看，少于12英尺（3.7米）的车道宽度也会降低交通流量和通行能力。[1]

讨论

车道宽度和车行速度的关系受许多因素影响而变得复杂，包括时间段、交通流量，甚至还有驾驶员的年龄。窄街道有利于降低车速，同时可减轻事故的严重性。窄街道还有利于减少穿行距离、缩短信号周期、减少雨水径流量以及节省建造材料。

10英尺（3米）宽的车道适用于城市区域，并能在不影响交通运营的情况下提高街道安全性。对于指定的货车路线或公交路线来说，两个方向都可使用单车道11英尺（3.4米）宽的路径。在特殊情况下，更窄的行车道[9~9.5英尺（2.7~2.9米）]可以有效结合转弯车道。[2]

建议

车道宽度不应超过11英尺（3.4米），因为超过11英尺（3.4米）的车道可能会导致人们下意识超速，而且侵占其他交通模式的通行权。

在有限的城市环境中，支持建造较宽行车道的限制性政策没有立足之地。研究表明，较窄的车道能在不降低安全性的条件下有效控制车速，而且车道宽度的增加并不意味着安全性的提升。[3]此外，较宽车道也会增加步行者在十字路口和安全岛处的等候时间和穿行距离。[4]

要使用标线渠化疏导交通，划定道路另作他用，同时尽可能减少车道宽度。

加利福尼亚州旧金山

应该使用施划标线的方法，把停车用途和人行区域与行车道区分开来。

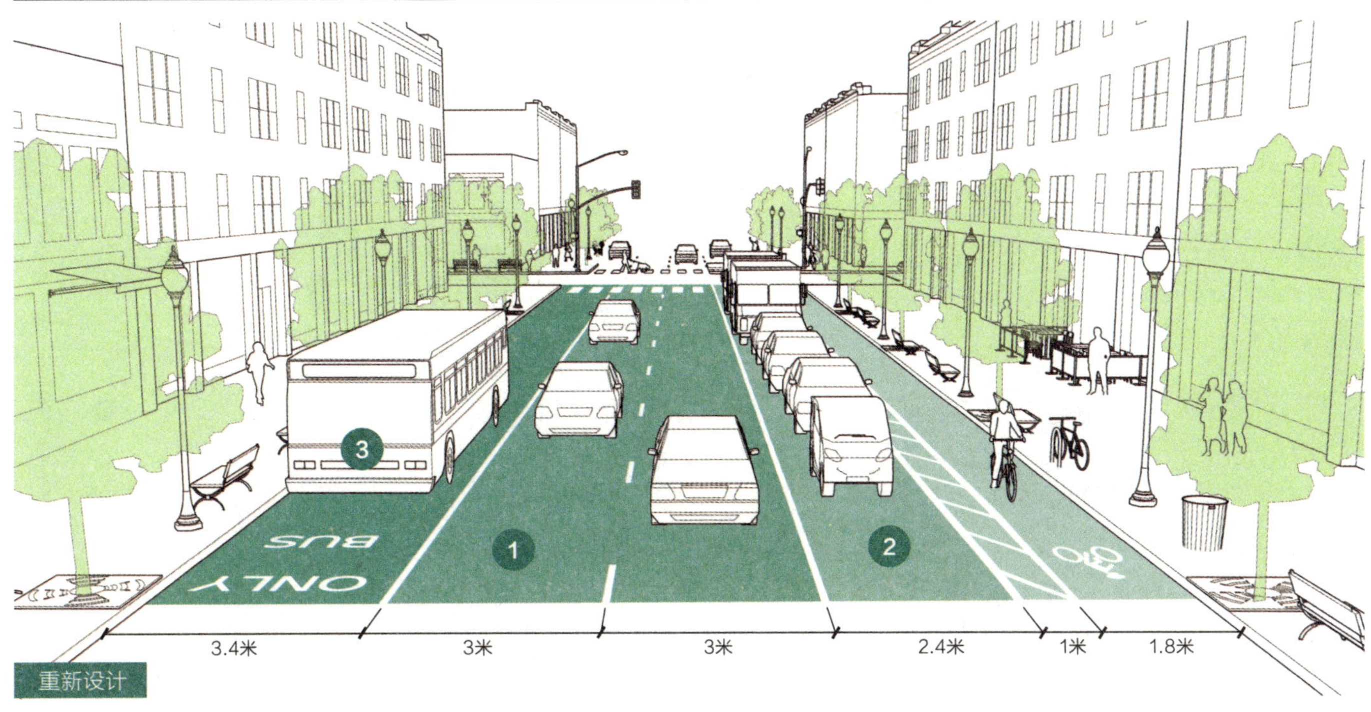

① 应在街道的整体范围中考虑车道宽度。在城市环境中，通常10英尺（3米）宽的车道具备足够的安全性，同时能限制超速行为。城市可选择使用11英尺（3.4米）宽的车道作为货车和公交专用路线[双向均为11英尺（3.4米）的车道]，或与反向车道相邻。

急转弯处的入弯车道也需要增加宽度，因为车辆在弯道行驶时要比直行需要更大的水平空间。

宽车道和车道偏移中心线并非必要，但是从安全角度来看是有益的，而且必不可少。

选择

② 停车道宽度通常建议设为7~9英尺（2.1~2.7米）。鼓励城市划定停车道，以提示司机与停靠车辆间的距离。特别是在出现装载或双重停车的情况下，可以采用较宽停车道[可达15英尺（4.6米）]。宽停车道可具有多种功能，包括作为工业装卸区或自行车的临时停放空间。

③ 对于存在公交或货运车辆、需要一条较宽车道的多车道路面，宽车道应该设置在外侧车道（路边或紧邻停车道）。内侧车道仍应以最小宽度设计。穿越城市区域的大型货车和公交路线可能需要采用更宽的车道。

交通流量较低或中等的双向车道可能更适合采用中间标线为虚线的窄车道，或根本不设中间标线。在这种情况下，城市可以为骑行者和行人分配额外的通行空间，同时允许驾驶员通行时越过道路中线。

俄亥俄州埃尔默

车道宽度与车行速度成正比。

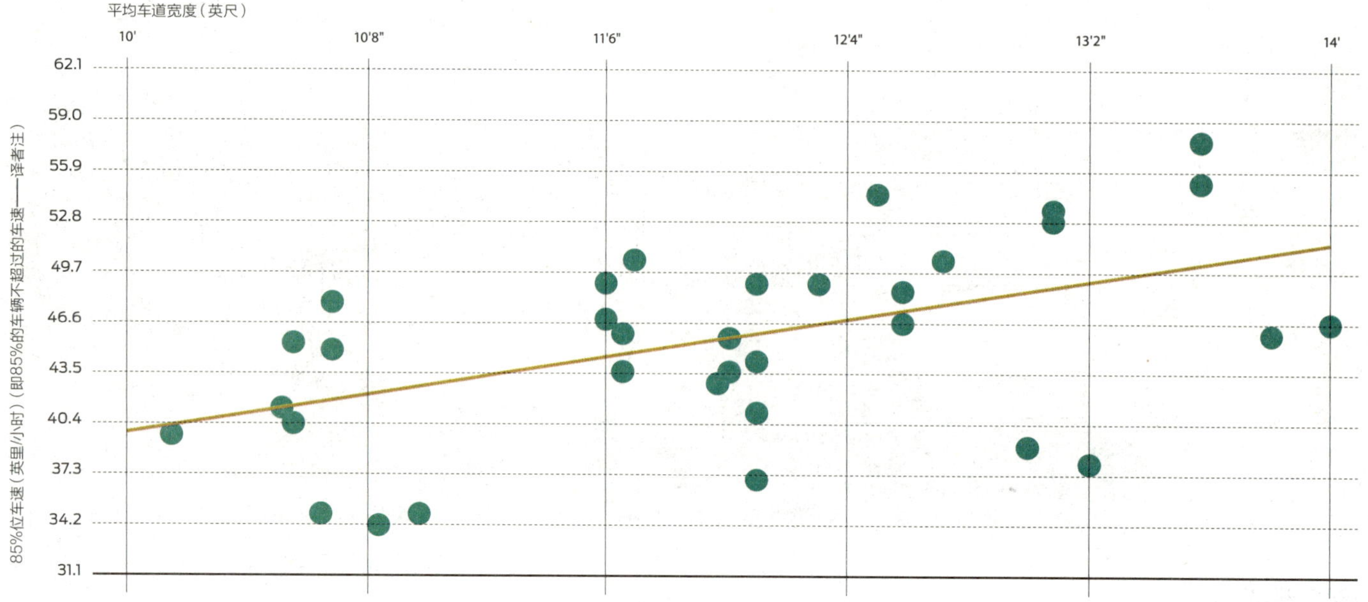

车道宽度增加，车速随之提升……车道宽度每增加3.3英尺（1米），车速预期增加9.4英里/小时（15千米/小时）。

图表来源：菲茨帕特里克，凯，保罗·卡尔森，马库斯·布鲁尔，马克·伍尔德里奇，2000年。《影响郊区街道驾驶员速度的设计因素》，载于《交通研究记录》，1751：第18~25页。

人行道

人行道在城市生活中起着至关重要的作用。作为行人移动和穿行的通道，人行道加强了区域连通性，鼓励人们步行。作为公共空间，人行道是走向城市的台阶，激发街道的社交和经济活力。安全、便利、维护良好的人行道是城市基础性和必需性的投资，其建设也有助于促进公众健康，使社会资本最大化。正如扩建和改善道路历来都促进了车辆通行一样，优良的、更具吸引力的人行道设计也能够鼓励步行。

人行道分区

现行的设计指南建议人行道最小横截面宽度为5英尺（1.5米），在不包括其他设施的情况下，足以容纳两人并排步行。虽然该尺度已达到《美国残疾人保护法》的最低无障碍标准，但很多城市仍然选择采用更宽的人行道标准。人行道标准应满足较高的预期人流量，并提供充足的空间，用于扩展临街区域，以及设置其他街道设施，如垃圾桶、公共汽车站、标牌和共享单车停放点等。[1]

1 临街区域

临街区域是指作为建筑延伸区域的人行道部分，无论是通往入口通道和大门还是露天茶座和面包店。临街区域由沿街建筑和建筑临街立面以及紧邻建筑的空间组成。

2 行人通行区

行人通行区是与街道平行的重要通道，为行人提供安全、充足的步行空间。居住区中的行人通行区应为5~7英尺（1.5~2.1米）宽，商业区中应为8~12英尺（2.4~3.7米）宽。

3 街具/路缘区

街具/路缘区即路缘带与行人通行区之间的人行道部分，用以放置街具，如路灯、长椅、报刊亭、电线杆、树池和自行车停车场等。街具/路缘区也包括绿化基础设施，如雨水花园或溢流种植沟等。

4 扩大区/缓冲区

扩大区/缓冲区是紧邻人行道的空间，可由各种不同元素组成，如路缘扩展带、街边休息区、雨洪管理设施、停车区、自行车停放架、共享单车停放点和路边自行车道或循环自行车道等。

人行道设计

人行道是城市环境中人与人、人与商业接触最直接的空间。创造良好体验的设计有助于提高商业区的经济实力和社区的生活质量。[2]

讨论

人行道是城市环境的重要组成部分，为人、货物和商业提供重要的交通廊道。依照《美国残疾人保护法》的无障碍指南，城市区域的所有街道都应设置人行道。[3]

大量研究表明，具有良好连通性和可步行性的步行网络，更有利于提升土地价值。[4]

人行道使用寿命较长，能维持25年或更久，无须更换。[5]

关键点

人行道所需最小宽度为6英尺（1.8米），极限值为5英尺（1.5米）。临近行驶车流的人行道所需最小宽度为8英尺（2.4米），可以提供至少2英尺（0.6米）宽的缓冲区来设置街具与公共设施。[6]

人行道设计应超出宽度与设施的最低限度。具有合适的尺度、充足的照明、遮阴效果以及街头活动的人行道能增加人流量，激发商业发展。对于具有较高车速和较大交通流量的街道来说，这些考虑尤为重要，否则这些地方的行人会感到不安全，避免步行。

市区内所有街道的两侧都应设置人行道。共享街道本身作为通行路径，其设计应当按照设计指南中，共享街道部分所提及的无障碍建议来做。某些情况下，例如在乡村或郊区与城市相连的道路中，毗邻主干道设置共享街道来替代人行道会是有利的。如果这样，共享通道应满足作为人行道或行走路径的常规标准。

宾夕法尼亚州费城

胡桃街横跨斯古吉尔河，其两侧人行道宽度由8英尺（2.4米）加宽至12英尺（3.7米），提供了较宽的、有照明的缓冲区。

门面和店面设计应迎合行人视平线高度。策略包括:

- 除去为车辆使用的高架照明外，还应设置行人区域的照明;
- 长凳和其他座椅平台设计成与建筑一体化，或放置在临街区域内;
- 鼓励提供遮阳篷、露天咖啡馆和其他设施，改善人行道的舒适度和外观;
- 在存在安全隐患的地方，夜间店铺宜采用通透的而不是封闭的金属百叶窗（上图）;
- 为脚手架和其他施工现场提供充足照明。

市区内用路肩替代人行道是不合理的。人行道与车行道应在垂直方向和水平方向上进行分离，以便为行人提供足够的缓冲空间和安全感。应改进未设置人行道、车流量较低的地方道路或社区道路，过渡时期可作为共享空间进行管理，或在行人可能受到潜在威胁的地方利用临时性材料予以改善。

为获取更高车速，路侧设计指南要求有侧向偏移或路侧净区，人行道设计可能会受此影响，可降低车速或加宽人行道来减少影响。

在城市环境中没必要严格划定路侧净区或最小偏移量。出于维护考虑，应当评估城市中的行道树、标志及其他元素对路缘结构整体性的影响，以及能否满足停车和车辆装卸、出入需求。

如果有公交站点，公共汽车候车亭应位于步道的左侧或右侧，但不可直接设置于行车路径内。若空间不足，可以考虑设置凸出式公交站台。

重新布置电线杆、灯具和其他街道设施等固定物体的位置时，不应侵占或限制邻近的人行道。必须根据《美国残疾人保护法》中的无障碍指南，清空固定设施。[7]

要确保人行道没有较大的缝隙或缺损，以便轮椅及其他移动辅具顺利通行。

人行道应在与行车道的交叉路口处保持与冲突区域同一水平高度。

任何阻碍人行道的建设项目，都应提供一条安全便捷的临时通道，或把使用者清楚地引导至附近可通行道路，以便缓解交通。

印第安纳州印第安纳波利斯

此设计表明驾驶员必须避让行人。

城市中心区的传统人行道

人行道是行人活动的中心。人们可以观察街道生活和活动的空间，尤其是在零售和商业区域，城市能强化公共领域。

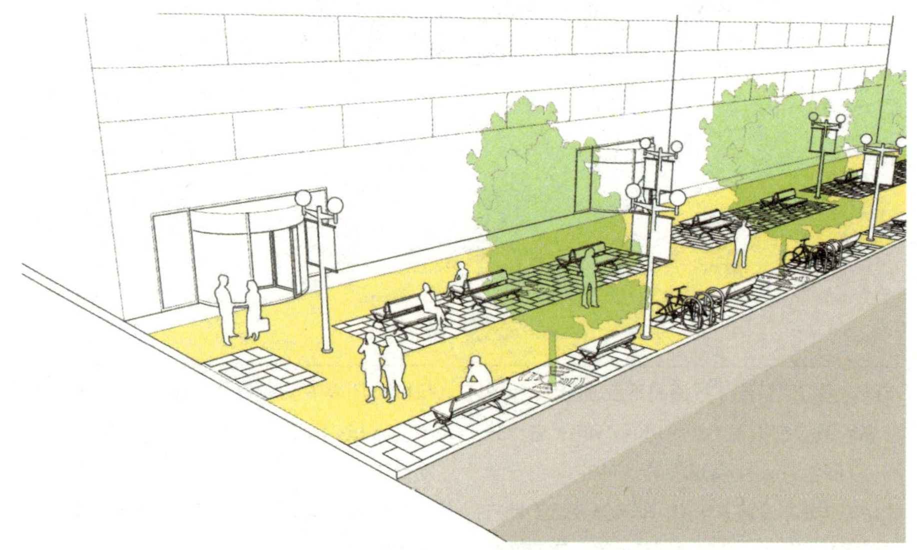

城市中心区的加宽人行道

从1960—1980年，随着新的中心区办公大楼的不断开发，许多人行道作为其中的一部分而有所加宽。公共艺术、音乐、人性化设计和店铺等对城市中心区的宽阔人行道都有益处，从而避免使人行道显得太过空临或过大。

建议

选择行道树与树池时，所选树木的根系对人行道结构完整性产生的影响要尽量得小。

露天咖啡馆能够提升街道生活品质，有促进沿途商业发展的潜力。露天茶座的设置不应影响人行道便利通行。

若城市决定将一部分人行道转变为升高的自行车道，应重新配置公共设施和其他街具（在设施进行永久性重建的情况下），以彻底做到行人与自行车分流。

密苏里州堪萨斯

零售商业区，选择的装饰材料和宽阔的人行道有利于商业发展。

邻里街区的窄人行道

若条件许可，狭窄的社区人行道应重新设计，以提供更宽的步行区域和街具区域。

居住区带状人行道

带状人行道在大多数居住区中十分常见。设计时应保证行人通行区域与种植面积大致相等，在恰当的地方采用透水铺装有利于雨洪管理。

如果人行道紧邻车道，则应在其最小宽度的基础上再加宽2英尺（0.6米），以确保有足够的空间用于路边设施和积雪储存。停车区域在行人和车行道之间形成良好的缓冲空间。紧邻人行道的城市干道或车流量较大的城市街道，应利用街具区、停车场、自行车道等其他设施，形成具有一定容量的缓冲区。最小宽度的人行道应尽量避免紧邻车行道。

行道树

行道树可强化城市街道的功能和美感。树木为住宅、商店和行人提供阴凉，同时可减缓车速，尤其是毗邻街边停车区域的行道树。行道树可遮阴避暑，从而延长路面的使用寿命。从美学上讲，行道树将人行道和街道划分为两个独立区域，分别增加了各自的韵律感和近人尺度感。

行道树间距取决于多种关键因素，应该根据所选树种、标准的（或所需的）树池尺寸、固定的建筑红线、退让路缘的距离，以及与路灯和其他街道设施的整体化情况来确定其大小。

除去安装交通管制装置之外，只有为满足安全视距或交通净区要求的特殊情况下才能移除行道树。大型行道树可保护行人免受车辆失控造成的威胁。

当人行道网络穿越城市边界时，应采取措施确保人行道基础设施的连续性。

选择

较新的居住区中，许多街道未修建人行道。若这些区域内的车流量足够低，可将该区域指定或升级为共享街道。这需要增加特定的交通稳静化装置并增设管理条例，以抵消与出入当地房屋的交通产生的潜在冲突。

许多老居住区中，行道树根系破坏了人行道的完整性。在车流量较低的道路上，可使用路缘扩展带，避免在重建期间移除行道树，或者考虑设置较宽的人行道。

当行人流量沿人行道产生拥挤状况时，可采取临时措施把人流疏散到街道上。在城市加宽人行道之前，临时封闭车道，或使用临时性材料，如用环氧树脂砾石等，可作为过渡方案。如遇特殊事件预计会大幅增加人流量，应该采取类似策略，以确保行人不会被迫挤入车流。

在已知人流量较大的时间段内，应考虑封闭车道，以缓解人行道的拥挤。

路侧净区

公路设计中有时会引用“路侧净区”的概念。路侧净区是指车行道之外的畅通、可穿越的区域，通常是铺装或绿化的路肩，或是人行道的退让区域。[9]这一区域为驶离主要车道的车辆提供缓冲区，旨在降低撞击路边固定设施的频率和严重程度，减少驾驶员的失误。[10]

虽然路侧净区适于用作州际公路和高速公路系统的安全性参数，但在城市环境中，由于道路通行限制及潜在的安全隐患，路侧净区并不适用甚至不可行。应最大限度地缩短车行道和人行道（或停车道）之间的横向跨距，为人行道和其他设施提供足够的空间。[11]

路侧净区适用于车行速度较高的乡村公路，而不适用于城市区域。

城市环境中，移除路边障碍物（树木、街具等）并没有明确的安全记录，而且这与努力增加行人交通和激励经济活动的城市政策背道而驰。行道树和其他路边设施优于宽阔的路肩或缓冲区，这样做可以降低总体车速，有利于形成更加步行友好的环境。

路缘扩展带

路缘扩展带在视觉上和空间上均将道路缩窄，为行人创造安全、快捷的通行空间，同时增加长椅、绿化带和行道树的可用空间。路缘扩展带可大可小，市区和社区的街道上都可以设置。路缘扩展带有多种应用，可划分成不同的类别，如交通稳静化、凸出式公交站台和道路中段人行通道等各种类别。

应用

路缘扩展带是一个概括性术语，有多种不同的处理方式与应用。包括：

- 路段中部路缘扩展带，被称为“窄点”或“咽喉”，可包括为方便骑行者穿行而开辟的路口；
- 路缘扩展带用作缩小街道的门户，被称为“缩颈”；
- 偏移的路缘扩展带迫使车辆侧向移动，被称为减速弯道；
- 汽车（或公交）停靠站处的路缘扩展带，也称其为凸出式公交站台；
- 传统的路缘扩展带，是沿街停车区的显著特征。

益处与注意事项

路缘扩展带缩减路面总宽度，可以作为视觉提示，提醒驾驶员正在驶入社区街道。

路缘扩展带与停车车道联结在一起，且缩短穿行距离，从而增加行人的整体可见度，为行人领先间隔和公交信号优先等优待处理提供更多的时间。[1]

路缘扩展带可减小交叉路口半径，并促使降低转弯速度。

设置路缘扩展带可能需要移动消防栓，以保证火灾发生时有足够的通行空间。这种情况下，可能会产生额外费用，或需重新布置以避免与消防栓发生冲突。[2]

路缘扩展带用作凸出式公交站台时，由于减少了公交车停靠后再并入车流的总用时，从而提升了通行效率。设置凸出式公交站台也有助于避免驾驶员在公交车站处并排停车。[3]

当路缘扩展带的使用不利于排水时，可将其设计成边缘岛，距路缘石或排水沟1~2英尺（0.3~0.6米）远。

路缘扩展带可以使用低成本、临时性的材料建造。这种情况下，应使用临时性的路缘石、隔离柱、种植池或施划标线等，将扩展带与现有路面分隔开。

门户式

路缘扩展带常设在交叉路口。当其设置在社区或低速街道入口时，被称为“门户”式路缘扩展带，可作为向低速街道过渡的标志。

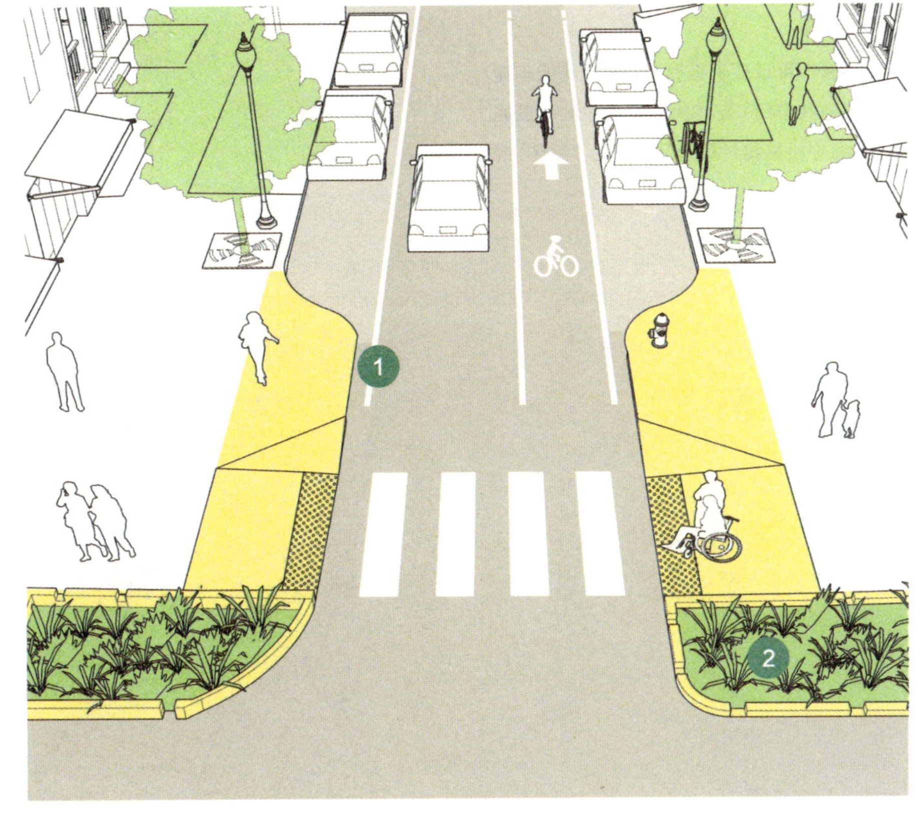

关键点

路缘扩展带的长度应不小于人行道宽度，但建议延伸至前置停车线处。

建议

1 除非停车道与人行道结构整合在一起，通常情况下路缘扩展带应比停车道窄1~2英尺（0.3~0.6米）。

纽约州纽约

出现沿街停车区域时，需设置路缘扩展带，以提高可见度，缩减穿行距离，提供足够的排队空间，并应考虑增加座椅或绿地等提升街道功能的设施。

2 将雨洪管理设施（生态种植池或雨水花园等）与路缘扩展带相结合以促进雨水下渗，同时减少街道不透水区域面积。

印第安纳州印第安纳波利斯

路缘扩展带可结合生态种植池设置，以减少人行道的泥泞。

选择

可利用转角处的街具及其他设施来丰富路缘扩展带，强化公共领域。

纽约州纽约

在完全重建之前，门户位置的路缘扩展带通道可设计为利用标线或引导标志，将入口与慢行区域连通。

窄点式

路缘扩展带可设置于道路中段，以降低车速并增加公共空间。当其用作交通稳静化设施时，道路中段路缘扩展带又被称为“窄点”或“咽喉”。

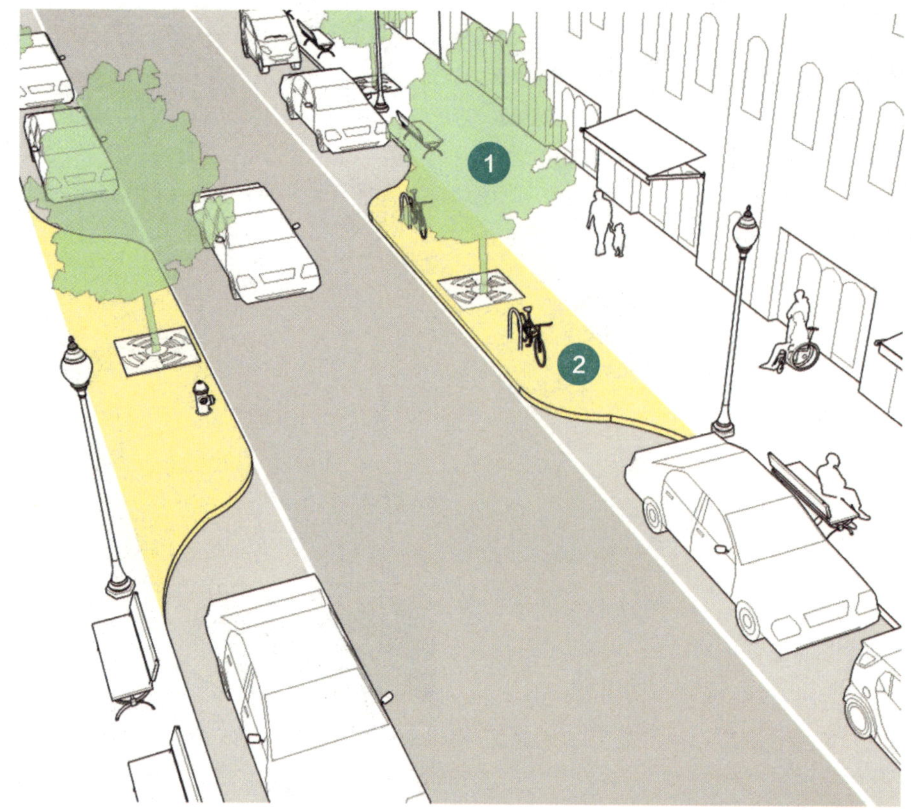

建议

1 路缘扩展带上种植行道树要与停车道对齐，从而缩窄路面的整体轮廓。种植行道树前，应对周边设施进行评估，以确保树根不会破坏地下基础设施。

选择

窄点式路缘扩展带有助于行人穿越低交通量的街道中段。除每日车流量高于2000~3000辆或路段中段的目的地需要有强化处理设施外，这些过街处均无须进行标志处理。

2 自行车停放架可与路缘扩展带相结合，特别是在自行车停车空间不足或不能满足停车要求的区域。

纽约州纽约

纽约61/2大道（纽约市曼哈顿区第六大道和第七大道之间的步行街，推行“行人主义”精神——译者注）连通了一系列的私营公共空间，以中城商业区块横穿道路中段。由于使用临时材料设置窄点式路缘扩展带，提升了过街行人的可见度。

减速弯道

在居住区或交通流量较低的市区街道中，路缘扩展偏移带可形成减速弯道效应，明显减慢车速。减速弯道可以增大沿街的可用公共空间，并且利用长椅、自行车停放处和其他设施使其充满活力。

建议

设计减速弯道可能需要增设标志和施划标线，以保证驾驶员能意识到道路的轻微弯曲。

选择

当路缘扩展带不利于排水时，可将其设计成边缘岛，距路缘1~2英尺（0.3~0.6米）远。

路缘扩展带可以使用低成本临时性的材料建造。这种情况下，应使用临时路缘石、隔离柱、种植池或条纹线等，在现状路面中划分出路缘扩展带。

加利福尼亚州旧金山

为使进入社区的车辆减速，增设了一个减速弯道。

减速弯道可以设计成45°的转角，或是更加平缓的渐变过渡带，形成一条“S”形道路。

利用“方格式”停车方案也可以设置成减速弯道布局。

凸出式公交站台

凸出式公交站台是将公交车站与停车道对齐的路缘扩展带，使公交车可以在不驶离行车道的情况下停车、上下乘客。凸出式公交站台通过减少公交车进出车流的时间，有助于增强公交车运行的快捷性与可靠性。

关键点

公交服务繁忙的路线上，凸出式公交站台的适宜长度为两个公交车车长，例如两辆铰接式公交车的长度为140英尺（42.7米）。而公交服务频率较低的路线中，凸出式公交站台的长度应为一辆公交车的前部至后门距离30英尺（9.1米）。凸出式公交站台的宽度应满足公交车候车亭运营与容量需求，其宽度至少为6英尺（1.8米），但最好在8~10英尺（2.4~3米）之间。[4]

市政府应与公交供应商合作，来确定凸出式公交站台为配置残疾人专用升降设备所必需的净宽度。

凸出式公交站台应大致等于停车道的宽度，转角为45°。[5]

华盛顿州西雅图

自行车道可设置于公交车乘降岛后侧。

建议

在交叉路口和路段中部的凸出式公交站台，可利用直通路为路边自行车道和循环车道开辟通行路径。路边自行车道不应在通向有路缘扩展带的交叉口时断开。

若近端式凸出公交站台配有转弯限制，路缘设计应自行执行转弯限制，并要密切监控，确保公交车辆不被滞留。

1 若条件允许，凸出式公交站台应配置公交候车亭。候车亭使公交出行更具吸引力，并可结合场外售检票以提供更快捷的支付方式。

选择

采用近端式候车时，若驾驶员有可能在右侧车道排队，则凸出式公交站台可能需要限制右转的红灯信号。在这些位置处，必须执行强制措施以确保路缘扩展带达到预期效果。

凸出式公交站台可与地图、种植池和行道树等便利设施相结合，从而提升公交使用者的总体体验。

垂直限速设施

垂直限速设施能控制车流速度，强调以安全、行人友好的车速行驶。这些设施可适用于很多街道类型，但在邻里社区或限制货运交通的低速街道上应用最为广泛。垂直限速设施可与横向的交通稳静化设施（如路缘扩展带或减速弯道等）配合设置，也可单独应用在限制通行的街道上。

应用

在常规的交通稳静化设施（如设置隔离带、缩窄道路、路缘扩展带、低速限制等强制措施）无法降低车速至目标速度的情况下，应使用垂直限速设施。

限速每小时30英里（48.3千米）的街道适合设置垂直限速设施，特别是那些车速高于期望运行速度的街道，或有直行交通定期穿越的街道更应设置垂直限速设施。

益处和注意事项

垂直限速设施已被证明能有效降低车速，从而创造出安全、有吸引力的环境。[1]

垂直限速设施设置在邻里社区级的街道上能产生最大效果，但不适合设置在单独的街道上。在以交通稳静化处理为目标或全面协调交通稳静化手段的路段，要指定“慢行区域”。[2]

在气候寒冷的地方，垂直交通稳静化设施的设计不能影响除雪工作。相关部门一起负责街道清扫和积雪清理，确保这些工作不会影响交通运行，或损坏限速设施。

垂直限速设施可以阻止直通式交通，但会导致周围街道交通状况恶化。要监控路网层面的交通稳静化设施的影响，或在试点街道进行安装，以评估潜在的影响。

无特殊情况下，垂直交通稳静化措施应降低街道目标车速至每小时20英里（32.2千米）或更低。

可在最终确定设计方案前，以试点方式逐步实施垂直限度设施，以便评估居民的支持程度。使用临时减速带、减速台和缓冲垫时应谨慎，因为这些设施会因设计简单或功能缺陷而降低居民的使用体验。

垂直限速设施的理想间距取决于街道的具体轮廓形态以及水平的交通稳静化设施。设施的间距应该保持一致，间距大小不仅取决于期望的目标速度和道路的通行速度，也取决于车流量、周边环境和整体的车道数量等因素。如果驾驶员在两个限速设施之间的区间内能加速到危险速度，那这个间距可能需要重新评估。

减速带

减速带是抛物线状的垂直交通稳静化设施，主要作用为降低车速，通常设在车流量小或车速低的街道。减速带高度为3~4英寸（7.6~10.2厘米），宽度为12~14英尺（3.7~4.3米），斜坡长度为3~6英尺（0.9~1.8米），这些尺寸要根据目标车速进行确定。减速带通常能使车速降至每小时15~20英里（24.1~32.1千米），标识系统和普通公众通常称其为“颠簸带”。

关键点

垂直限速设施应配以警示标志，提示驾驶员前方有限速装置。

减速带不应设在私人车道或其他重要出入口区域前面。在频繁设有私人车道而使减速带的设置有一定困难时，可减小减速带尺寸，或与当地居民合作寻找可行的办法。

建议

减速带应按如下标准进行设计：

- 斜坡角度应不超过1:10，不小于1:25；
- 斜坡两边的坡度应不超过1:6；
- 垂直边沿高度应不超过0.25英寸（0.6厘米）。

垂直限速设施应设在视线通畅且光线充足的地方。

垂直限速设施的间距应基于道路的目标速度进行设定。减速带间距最大不应超过500英尺（152.4米），这样能实现每小时25~35英里（40.2~56.3千米）的85%位车速。若要获取更大幅度的限度，减速带间距应该有所缩小。

单向道或双向道均可设置减速带。

康奈克州诺沃克

很多居住区街道的路面空间对于双车道行驶和停靠车辆来说都富富有余，结果造成车速高于预期速度。

华盛顿

减速带普遍应用于居住区，并常与交通标志配合使用。

减速台

减速台是道路中段的交通稳静化设施，通过抬升整个车辆底座来减慢行驶速度。减速台比减速带更长，顶面为平面，高度为3~3.5英寸（7.6~8.9厘米），长度为22英尺（6.7米）。在设置减速台的道路上，车辆行驶速度的变化范围为25~45英里/小时（40.2~72.4千米/小时），这一变化取决于减速台之间的间距。[3]减速台可以用于次干道和公交线路以及应急反应路线中。使用减速台时，可设计成路面升起的道路中段人行横道，通常与路缘扩展带相连。

关键点

减速台应配以警示标识，来提示驾驶员前方有限速装置。

建议

减速台的设计应遵循以下标准：

- 斜坡角度比例应不超过1:10，不小于1:25；
- 斜坡两边的坡度应不超过1:6；
- 垂直边沿高度应不超过0.25英寸（0.6厘米）。

减速台不应设置在宽度超过50英尺（15.2米）的街道上。在双向道上，两个行驶方向均可设置减速台。

在减速台与十字路口或人行横道恰好重合的地方，可以设计成路面抬升的人行横道。

马萨诸塞州萨摩维尔

这个减速台设计成路面抬升的十字路口。

垂直限速设施应设置在视线通畅且光照充足的地方。

以下建议可供选择

减速台通常使用地砖或其他有特色的材料。有特色的材料可能需要增加维护责任，但有助于突出和限定减速台，对骑行者和行人都有利。

减速垫

减速垫是带有车轮轮廓的减速带或减速台，在降低轿车速度的同时，允许大型车辆顺利通行。减速垫侧移就可以使紧急车辆畅通无阻，多用在关键的应急反应线路中。减速垫从道路中心线横跨一个行车方向，纵向留有间隙，使宽轴距车辆避免碾压减速带而顺利通行。

关键点

当主要的紧急通道设置垂直限速设施时，应利用减速垫设计，以便适应急救车的轴距。[4]

垂直限速设施应配以提醒标志提醒驾驶员。

建议

垂直限速设施的设计应遵循以下标准：

- 斜坡角度应不超过1:10，不小于1:25；
- 斜坡两边的坡度应不超过1:6；
- 垂直边沿高度应不超过0.25英寸（0.6厘米）。

垂直限速设施应设在可见度高且光照充足的地方。

以下建议可供选择

在公交路线中的一些指定路线可以安装减速垫。应与当地公交运营商和公交公司协同工作，以确保驾驶员了解交通稳静化设施，并能有效利用减速垫上提供的车轮凹槽。

减速垫允许应急车辆的车轮通过抬升区域的任意一侧。

应急车辆

应急服务应与交通部门协调行动，充分认识到在地方道路上减慢车速、减少车流量能降低车祸的发生频率和严重程度，有益于实现街道的整体安全目标。在规划过程的初始阶段，要制作应急反应路线分类图。在设置垂直限速设施的地方，要考虑到应急车辆的反应时间。由于应急车辆的轴距比轿车宽，减速垫可以在降低大多数车辆行驶速度的同时，允许应急车辆顺利通行。

以下为实际策略：

- 在应急反应路线上设置限速设施时，要征询应对紧急事件部门的同意和批准；
- 允许在应急反应路线上设置少量的与应急车辆相适应的交通稳静化设施；
- 要评测通行时间对应急车辆反应时间的影响，通过测试结果确定合适的通行时间目标；
- 在试点基础上实施速度管理措施，并与应对紧急事件部门协作，以便决定是否使用永久性限速设施。

公交街道

为支持公共交通而建造的街道必须考虑到每一位乘客的整体行程。应使步行去往车站的人感受到通行道路的安全性和舒适性。公交专用车道、适当的基准信号时序以及操作性交通改善措施等，都要确保公交车在十字路口的等候时间最短，并能自由行驶而不受交通拥堵的限制，从而为乘客提供堪比自驾出行的乘坐体验。公交车站也是街景的重要组成部分。公交车站与某些关键元素结合，有可能提升公共领域质量，这些关键元素包括优质公交候车亭、路线查询地图和实时信息查询系统等。

这些建议都以公共汽车交通为重点，其中很多处理办法也适用于有轨电车或街道轻轨交通。

路侧式和偏移式公交专用车道

应用

公交专用车道通常应用在发车频繁（高峰时段为10分钟一班次）或交通拥堵可能严重影响通行可靠性的主要线路上。如果公交准时性降低，就要考虑使用更积极的措施，使公交服务更有效率。服务机构可以制定公交汽车服务的基准乘客数或服务标准，使其成为仅供公交服务的设施。[1]专用车道可以紧邻路缘或偏移设置，从而代替街道上允许停车的最右侧车道。

俄勒冈州波特兰

路侧式公交站与停车限制搭配使用，对于调度员来说车辆出入站更容易。

纽约州纽约

在偏移式公交专用车道设计中，驾驶员可以停在公交专用车道的右侧，乘客在凸出式公交站台上、下车。

益处与注意事项

公交车道能减少因交通拥堵而造成的延迟，有助于提升优质的交通服务。

由于并排停车、装卸货或者出租车停靠等因素，路侧式和偏移式公交车道常会被侵占，有必要进行严格控制，以保证公交车道的正常使用和功能完整性。[2]

关键点

1 应采用公交专用的路面标志，以突出强调公交车道，阻止其他车辆驾驶员使用公交专用车道。

纽约州纽约

红色涂刷的公交专用标识以及白色标线把公交专用车道与行车道分隔开。

公交专用车道应使用单实线或双白线施划，与其他车流划分开。

建议

设定公交车道宽度应以街道可用空间以及骑行者、行人和驾驶员的需求为依据。路侧式公交车道最小宽度为11英尺（3.4米）。偏移式公交车道最小宽度为10英尺（3.0米）。

加利福尼亚州格兰岱尔

凸出式公交站台为公交乘客便利性提供空间，同时为候车亭后面的行人保留穿行空间。

3 偏移式公交专用车道应设置凸出式公交站台。公交车道可以与其他快速公交设施互补，如车下付款设施和公交信号优化系统。

应该在任何适宜的地点设置公交信号优化系统，以便减少因交通信号造成的公交滞留时间。较短的信号周期也能提升通行效率，并使公交信号优化系统的效用最大化。

公交专用车道应涂刷成红色，以便突出车道，并阻止其他车辆驾驶员对其占用。虽然红色涂刷的初装成本和维护费用较高，但是已被证明能有效阻止其他车辆擅自在公交车道内行驶和停靠。[3]

实施专用车道策略的时间段应禁止车辆右转，分车流通行有助于保证车道分级清晰。

以下建议可供选择

公交车道可以使用软障碍（如震动带）或硬障碍（混凝土路缘石）进行划分。如果使用硬障碍进行划分，在设计公交车道时应允许公交车在指定的位置变道。

可以设定公交车道全天单独为公交车提供服务，也可仅在特定时段为公交车专门开放。

弗吉尼亚州亚历山大

路侧式公交专用车道

1
2
BUS
ONLY

偏移式公交专用车道

3
BUS
ONLY

路中式公交专用车道

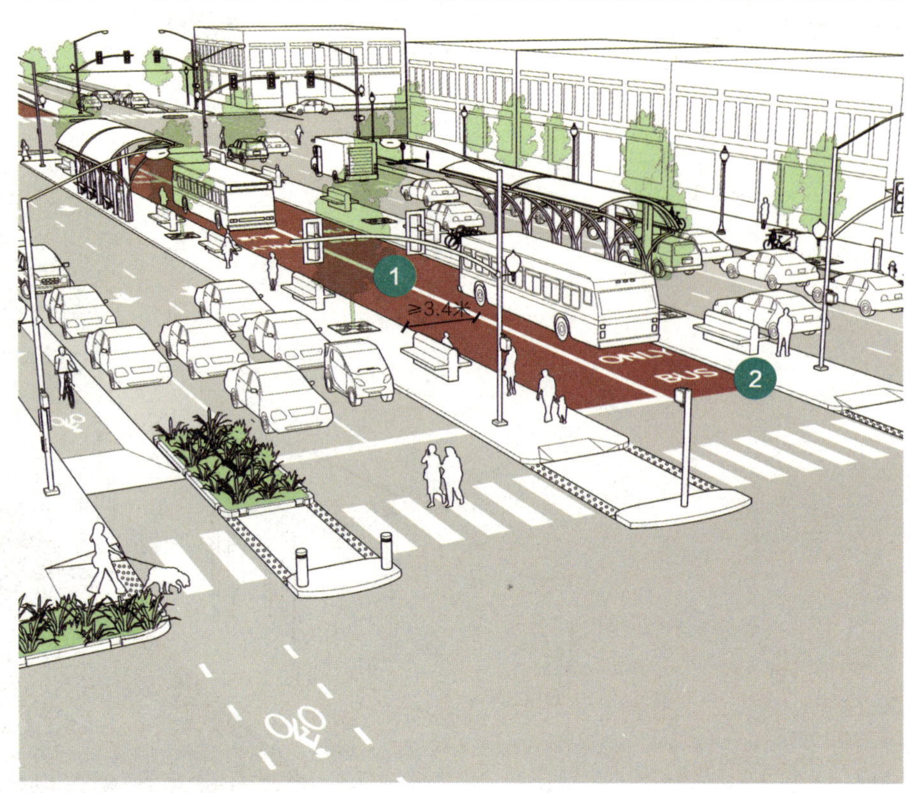

应用

路中式公交专用车道通常设置于车辆繁忙的主要线路，或设置于交通拥堵严重影响公交可靠性的街道。路中式公交专用车道沿多车道的街道中线设置，并且应在需要的地点配对设置便于到达的路中式公交车站。

益处与注意事项

路中式公交专用车道避免了与可能存在的下客、装卸货或街边违章停车等的冲突。

在十字路口处，需要对车辆制定相关转向规则，来避免与直行公交车辆发生冲突。为确保车辆顺利通行，强制控制是必要的。

亚利桑那州菲尼克斯

转向信号确保车辆不会阻碍公交路线。

设置路中式公交车专用车道应与土地用途变化相协调，最大限度地提高经济增长潜力。根据具体情况制定建筑退线导则和其他土地利用条例，以便创造更受欢迎的步行场所。

关键点

1. 每个方向的路中式公交专用车道最小宽度均为11英尺（3.4米）。

2. 公交专用车道需要在道路上的每一站设置路中式候车安全岛。这些车站必须易于到达，且通往安全、有信号控制的人行横道或其他穿行空间。[4]

对于路中式公交专用车道来说，“公交专用”的路面标志能强调车道属性，阻止其他车辆使用。

公交专用车道应使用单实线或双白线与其他车流区分开来。

建议

路中式公交专用车道应涂刷成红色，以便突出车道，阻止其他车辆驾驶员对其进行使用。

应考虑选择软障碍（振动带等）或硬障碍（混凝土路缘石等），以便把路中式公交车专用道从通行车辆中分隔开来。

以下建议可供选择

路中式专用公交车道可以与其他快速公交设施结合，如车下付费设施和公交信号优化系统等。

逆向式公交专用车道

应用

公交线路采用逆向式公交车道，通常能创造出有策略性的、高效的联系，而不只是简单延伸的公交通道。

典型的逆向式公交车道设计与常规双行道相似，非公交车辆禁止使用某一方向的一条或几条车道。

益处与注意事项

逆向式公交车道可使公交线路互相连通，缩短运行时间。

如果非公交车辆违章侵占，逆向式公交车道将会瘫痪。

关键点

逆向式公交车道应设置“除公交车外单向通行”的标志。

应使用双黄线的中线标志或缓冲标志，把逆向式公交交通与对向交通划分开。如果采用这种划分方式，缓冲区域最小宽度应为3英尺（0.9米）宽。

应使用公交专用标志来强调车道属性，避免其他车辆使用。

有必要采取严格的强制措施，来维护公交专用道路的使用和完整性。

协调交通信号应根据双向公交车流的反馈进行更新。

应在路面上使用箭头标识，标明通行路径。

建议

双车道宽度为22~24英尺（6.7~7.3米）时最适合逆向式公交车通行。这种宽度允许公交车超越前方其他公交车（和停止的车辆），使行人更直观地分辨各个车道。基于逆向式车道的长度和可用的道路宽度，最好采用较窄的车道。

明尼苏达州明尼阿波利斯

这条双车道公交线路允许车辆互相超车。

应使用红色涂刷车道，强调车道属性，阻止其他车辆使用。

以下建议可供选择

只要车道宽度足以允许安全通行，在某些情况下，可以鼓励自行车交通使用逆向式公交车道。如果允许自行车通行，应设置“除公交车和自行车外单向行驶”的标志。

可设置路缘石、隔离带或隔离柱等设施，来阻止其他车辆违章侵占，但应为紧急车辆保留通往路缘区域的通道。

公交车站

规划和设计公交车站涉及对现状和新车站的思考，要从交通系统设计的宏观框架和公交站周边的微观环境两方面考虑。许多城市和公交部门已经制定了内部规定，来决定具体公交路线与车站的适宜间距和设计标准。

讨论

地面公交路线，尤其是那些没有公交专用车道的路线，应清晰地标示出公交车站，使得人们注意到车站位置，了解公交路线走向。公交车站的发车频次和布局应服务于尽量多的目的地，同时尽量减少交通延迟。

公交车站通常设在三种位置：

（1）远端式公交车站。

设计师普遍倾向于这一形式。这种车站允许行人从车辆后面穿行，这样比在公交车前面穿行更加安全。在多车道路面，这种方式也提升了过街行人的可见度，使驾驶员在等候信号时更容易注意到行人。

马萨诸塞州波士顿

加利福尼亚州旧金山

道路中段公交汽车站，有凸出式公交站台。

（2）近端式公交汽车站。

在以下几种情况下设置比较理想：

- 在距离较长的街区，设置近端式公交车站可与行人目的地（如公园、地铁入口、滨水区和学校等）良好地衔接；
- 公交车线路所在道路为单向单车道，且不允许行人穿行；
- 特定的交通稳静化设施或停车规定不利于远端式公交车站的设置；
- 老年活动中心或医院的出入口位于交叉路口的近侧；
- 私人车道或街巷不适于设置远端式公交车站。

加利福尼亚州旧金山

（3）道路中段公交车站。

需要在停靠车辆和其他障碍物之间留有更大的空间，才能使公交车进出车站，设有凸出式公交车站台时不受此限。建议以下地点设置街道中段公交车站：

- 距离较长的街区，且在街道中段有重要目的地，如滨水区、校园和公园等；
- 公交车排队量较大的重要车站。

远端式公交车站

关键点

1 公交车站必须提供经由人行道的安全通道和适当的过街位置。在可能的情况下，人行横道应设置于驶离公交车后面。

公交车站周围的人行道空间容量应满足预期需求，与公交车载客量相匹配。如果街道在公交车站处没有足够的等候空间，应考虑使用凸出式公交站台，或开辟专用候车空间。

公交车站要达到《美国残疾人保护法》标准，包括提供升降台和调整路缘高度，使得坐轮椅的乘客能够顺利地上、下公交车。

建议

2 在搭乘乘客数量较高的公交路线上，公交车站应设置候车亭。[5]

3 应该在偏移式公交车道上，或乘客需要专用候车区时，使用凸出式公交站台。公交车在偏移式公交车道上汇入车流时会遇到阻碍。使用凸出式公交车站台时，以40英尺（12.2米）长的公交车为依据，站台应有40英尺（12.2米）长、至少6英尺（1.8米）宽，与人行道之间没有台阶。如果与人行道之间有高差，公交车站台应至少10英尺（3米）宽，或设计时留出足够长度，以便容纳40英尺（12.2米）长的标准公交车所采用的无障碍专用斜坡。

如果路面不允许停车，公交停靠站（也被称为港湾式公交站）可与人行道建在一起，使得凸出式公交站台远离车道。这种措施只能应用在人行道足够宽，且公交车不会由于重新汇入车流而延迟太久的地方。

4 在公交车里或车站处向乘客提供的信息，应包括机构的标志或视觉标志、站名、路线图和时间表等。公交车站应在公交候车亭和其他街具上设有系统图或路线图以及时间表。

公交车站和候车亭应安装足够的照明设施，以保证行人安全。

马萨诸塞州波士顿

这个车站标注了基本的出行信息，包括车次安排、车行路线和地图等。

绝大多数的公交车站都设在交叉路口处。在许多州，出入口管理条例严禁在距离交叉路口100~300英尺（30.5~91.4米）的范围内设置私人车道，具体距离取决于交叉路口是否有信号灯控制，以及道路限速情况。如果出入口管理条例能积极执行并具有追溯机制，那么行人就可以不用在机动车道上等候公交车。

以下建议可供选择

公交车站可增设实时信息系统，以提升乘车体验，并为乘客创造可预测的公交环境。

在主要公交车站，通过增建公交候车亭、长椅、区域地图、种植绿化、售卖点或艺术品等，可以提升乘客和行人的出行体验。

俄勒冈州波特兰

这个车站同时服务几条公交线路。公交候车亭既挡雨，又保障视线通畅。实时信息系统显示下一班公交车的到达时间。

雨洪管理

可持续的雨洪管理措施能处理并减缓不透水路面、人行道和建筑表面的径流。在市区，由于不透水区域面积逐年递增，自然排水模式随着时间一直在改变。像混凝土和沥青这样的硬质景观从源头阻止了土地对雨水的吸收。结果，越来越多的雨水和污水流入路基管网，加重了市政污水管网系统（在雨污合流制排水系统下）的负荷，或使雨水和污水排入地表水体。高速径流侵蚀着当地的河流和小溪，破坏了自然环境。[1]

应用

传统的雨洪管理基础设施的设计意图是尽可能快速地把雨水从一个地方排走，在地下构筑物中收集地表径流。[2]可持续的雨洪管理措施就近吸收地表雨水，减少合流污水流溢，减少积水和路面洪水。在这一过程中，雨水转化为一种资产，可以用来改善城市生态、小气候、空气质量，提升公共领域的美学质量。

实行可持续的雨洪管理措施要达到以下目标：

改善水质

植物绿化带和洼地通过沉淀、土壤基质的物理过滤、微生物的生物分解以及植物的养分吸收等过程，过滤并减少沉淀物和污染物。

蓄留雨水

通过设施蓄留雨水径流，如溢流种植槽、透水铺装和生态种植沟等。蓄留手段可在降雨过程中削减径流峰值，有助于相应地缓解路基侵蚀、土地养分流失、土壤冲刷以及水土流失等状况。[3]

减少雨水径流

通过设计设施，使雨水就地渗透和吸收，可以削减整体的雨水径流量。耐水性植物根系在使过量雨水流入雨洪设施的同时，应保持土壤疏松。

减轻市政污水系统负荷

可持续的雨洪管理系统可减小城市污水处理设施的压力，如果应用于全市范围，可以削减长期成本。[4]传统基础设施除了排放雨水功能之外，不增加任何附加价值，绿色基础设施与此不同，可以成为社区公园和景观的一部分。

益处与注意事项

可持续的雨洪管理设施已被证实比升级地下管网的成本更低，而且可以进行灵活、模块化的安装。[5]

为了建立保养维护设施的责任制度，有必要签订维护协议。协议可由具体的城市代理机构、街区或商业组织来确保实施，或由毗邻企业、业主来承担。[6]

设施设计必须充分考虑场地的物理限制问题、现有地下公用设施情况、当地气候条件以及设施维护协议是否可行等。应由经验丰富的地质勘测工程师检测原土壤的局部或整体渗透状况。现有集水区的原生土壤状况、场地坡度、原生植被和所处位置等，都应在设计过程中予以考虑。应仅在A级或B级土壤中设置过滤设施。[7]

生态种植沟

生态种植沟是植被覆盖的、低浅的景观洼地，旨在收集、处理和渗透顺流而下的雨水径流。生态种植沟的规模通常适于处理水质，也被称为“初期处理”，这是第一阶段，通常也是降雨形成的水污染量最大的阶段。在补充地下水位、减小径流流速、净化水质方面，生态种植沟是绿色基础设施中最有效的一种。生态种植沟选址灵活，可结合隔离带、尽端道路、凸出式公交站台以及其他公共空间或交通稳静化设施等进行设置。

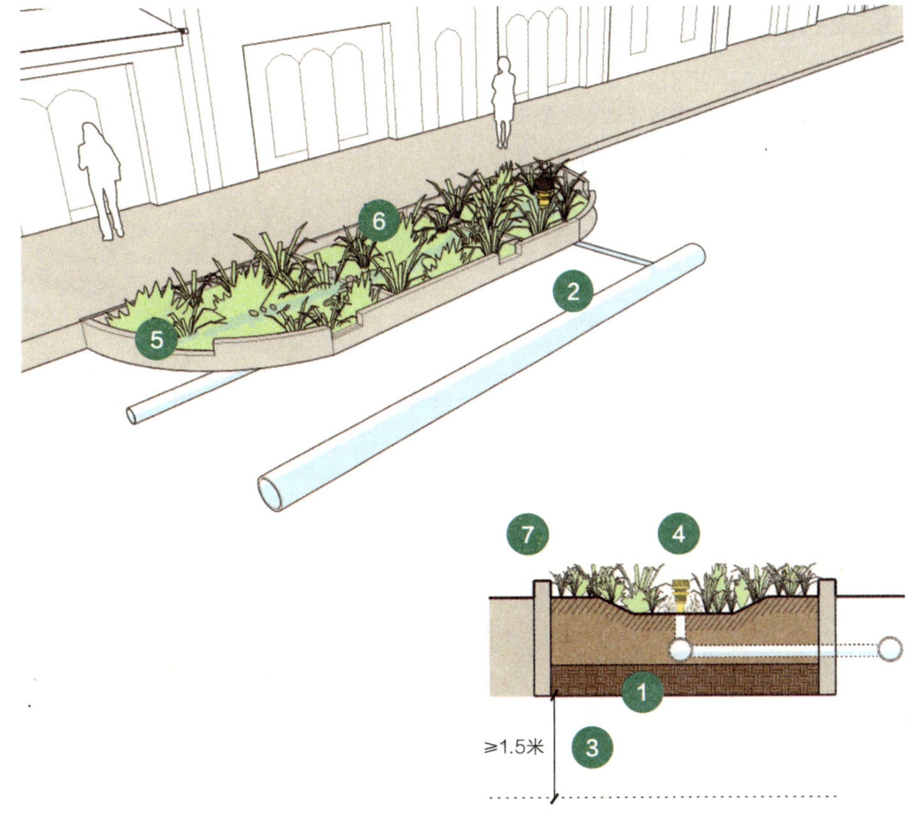

关键点

1 生态种植沟需要由适合土壤培育的介质组成。经过工程设计的土壤混合物黏土含量不应超过5%。

要确保土壤渗透率介于雨洪管理标准的最大值和最小值之间。工程土壤混合物必须设计为每小时下渗水量为5~10英寸（12.7~25.4厘米）。

要检测地下原土在实施之前的污染情况。原有污染会影响到设施发挥效用，必须在安装前予以修复。渗透设施应仅设置在A级或B级土壤中。

生态种植沟应有轻微的纵坡，便于雨水沿地表流动，从而沉降污染物和沉淀物。径流原地渗透后再补给地下水。理想的边坡为4:1，最大不应超过3:1。

2 要通过保持设施间的最小间距来保护邻近的地下基础设施。铺设防水垫层作为隔离措施，或设置较深的路缘石，把路基或并行的公用事业管线与生态种植沟设施分隔开。

3 要保持生态种植沟底部到地下水位高点的净距离不小于5英尺（1.5米）。

4 把溢流管或分流排水系统抬升至距地面大约6英寸（15.2厘米），以应对过量的雨水。

5 径流以漫流形式流入生态种植沟时，需要将生态种植沟的边缘与道路平齐。在需要设置路缘石处，应间隔设置路缘石，使径流汇入洼地并在洼地内予以处理。漫流和路缘断开体系都要在道路平面和设施的完成面之间保持至少2英寸（5厘米）的落差。路缘断口应至少18英寸（45.7厘米）宽。基于场地平整程度，路缘断口间隔空间可在3~15英尺（0.9~4.8米）范围内变化。

建议

6 生态种植沟应由多样化的原生植物组成。植物选择应考虑物种相容性、最低灌溉需求和创建野生动植物栖息地的潜力。

为削减排水流速并防止侵蚀，应使用预处理措施消耗径流能量，如设置石块等。

如果纵坡坡度超过4%，应使用拦砂坝、护堤或堰坝形成减缓的梯度。应限制积水深度，最深不得超过6~12英寸（15.2~30.5厘米）。

7 应使用低的路缘石或屏障，或是用耐寒地面植被，以防止行人践踏。

不建议在下渗率低的区域使用生态种植沟，因为积水、局部洪水等其他问题会在城市环境中引发街道和人行道内部的一系列问题。

溢流种植槽

溢流种植槽是指有硬质边缘的雨洪管理设施，基底不透水。溢流种植槽适用于没有渗透性或高密度的城市区域，可使径流经土壤基质和过滤装置渗入排水系统，进行水处理。

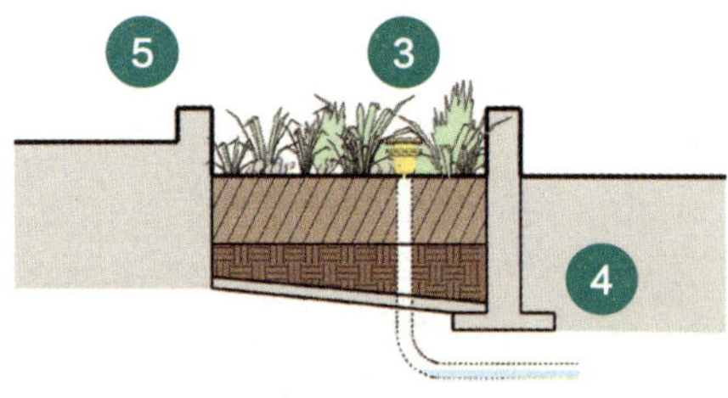

关键点

1 溢流种植槽应位于非渗透区、建筑旁的受限场地、有退线限制、土壤排水不良、坡度小于4%的地方，或土壤有污染的地方。

要使用适当的介质组成土壤结构。工程土土壤中的黏土含量不应超过5%。

2 种植槽的基底要安装多孔管来收集处理过的径流雨水。

3 要使用升高的溢流管把过量的雨水直接排入排水系统。

要安装落水管入口或其他排水设施，尺寸大小要适合水量，位置要设在有利于种植槽最大化处理雨水之处。

要提供蓄水深度不超过6英寸（15.2厘米）的普通植物种植床。较深的蓄水深度需要特殊的种植床，应尽量避免使用。

排水岩石层必须清理干净，并以过滤纤维包覆，以保护排水岩石层的空隙。

种植槽设计要能保证24小时内排空雨水。

建议

要使用原生植物，原生植物易于应对季节性洪水，并使灌溉量降到最低。

以下建议可供选择

4 根据人行道或街道情况，种植槽可能需要建造基础，以防止溢流种植槽侧壁的横向移动。

5 使用低矮的栅栏或耐寒地被防止行人践踏，减少土壤板结。栅栏可结合种植槽设计成路边座椅。

透水带

透水带是长条状的景观区域，或是线形透水铺装区域，能汇集雨水并减慢径流流速。根据地表下面的土壤状况，透水带能在一定程度上使雨水下渗，但是其渗透作用比生态种植沟小很多。透水带作为城市雨洪管理的初始阶段设施，成本较小，但不太可能具有足以应对路面上全部积水的能力。

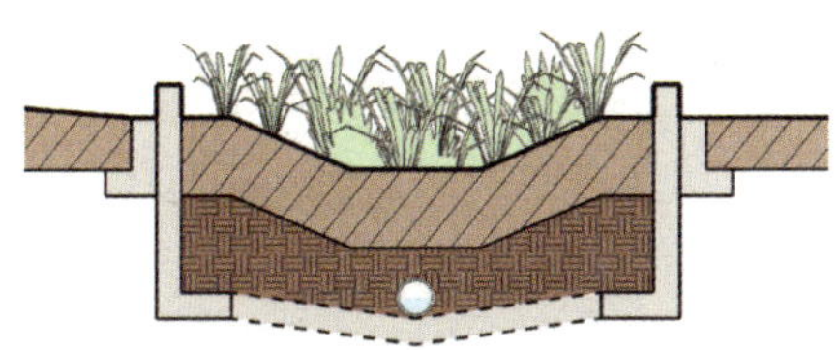

关键点

① 要使透水带与人行道、隔离带、路缘石和其他设施一体化。根据预期配置，透水带可处理坡面漫流或更大的线性水流。要在长而连续的空间设置透水带，便于充分处理和过滤污染物。

② 根据需要，在透水带底部安装穿孔管，收集处理过的径流。

使用最大不超过2%的缓坡，引导径流流入透水带。

要保护邻近的地下基础设施，可以通过以下办法来操作：与地下基础设施之间要保留最小间隙；安装防水垫层作为保护；建造较深的路缘石，把路基或并行管线与透水带隔离开。

建议

在允许的情况下，集中布置公共设施，为设置透水带提供最大化的连续的线形空间，同时把各元素间的冲突降到最小。

要根据汇水面积大小和暴雨径流的设计流量来设计处理容量和流量能力。

如果地下土壤种类适于雨水下渗且这一过程不与其他地下设施冲突，那么可以选择在这里设置透水带。

③ 通过使用透水铺装或原生植物来减少透水带的灌溉需求。原生植物景观区域能产生较少雨水径流并减缓城市热岛效应，因此比其他景观更适合城市发展。原生植物能增加生物多样性，是传粉昆虫的栖息地，并且还易于适应当地气候条件，提升存活率。

采用底部平坦、带有垂直密封系统的“绿色排水沟”。[8]这样的排水沟很浅[雨水径流蓄流最大深度为4英寸(1.2米)]，而且狭窄[横断面尺寸最宽值为3英尺(0.9米)]，是一种线形设施。

以下建议可供选择

对于坡度超过4%的径流管理设施，可考虑采用可调节的堰坝、护堤、拦砂坝或改装过的雨水井，使径流顺利进入生态种植沟或渗透系统。

长条状空间可以与城市农业项目相结合。

透水性路面

在景观策略受限或不尽如人意的地方，透水铺装能有效地处理、汇集和渗透雨水径流。透水铺装能应用在多个方面，包括人行道、街具区域和整个路面（或者仅设在停车道或排水沟部分）。处理措施要符合当地气候条件和后期维护条件。

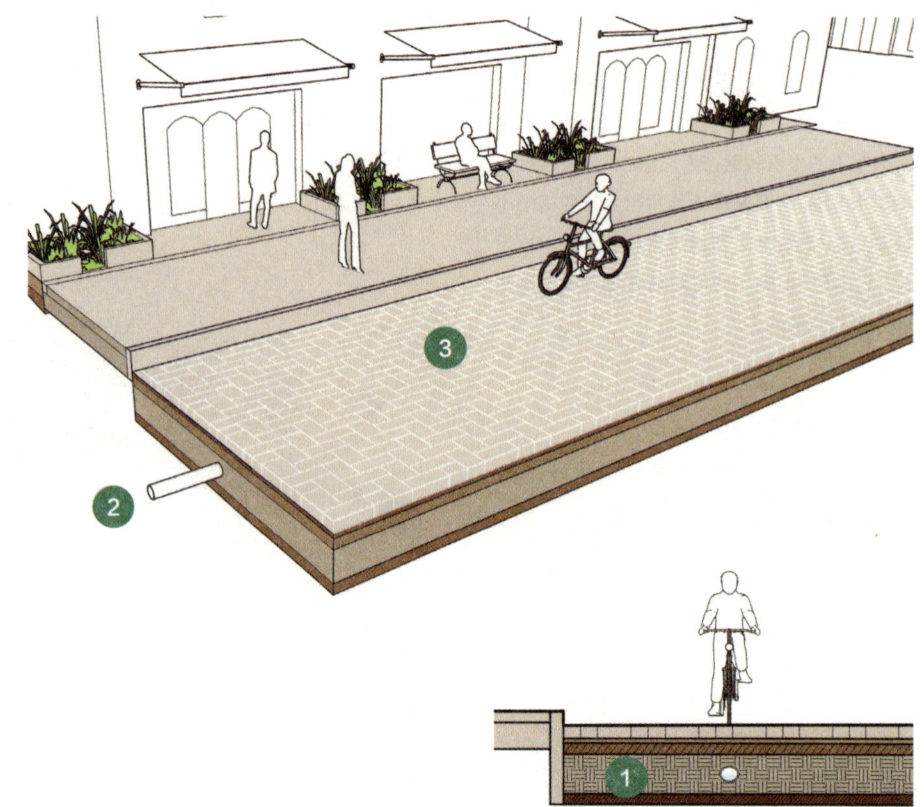

关键点

设计透水路面要考虑原有底土的渗透率。透水层深度、间隙大小以及地下土壤的渗透率，决定了渗透性设施的理想储水量和预期的排水时间。

1 在铺装之前，要核验地下原土是否被污染。需要做完整的地质工程评价，以便确定土壤的渗透性能、地下水位高度以及距基岩的深度。许多城市区域有大面积无法归类的填充区域，这些土地如果未经修复，会引发许多问题。

基于潜在的车辆使用和装卸货需求，需要验证路面材料的结构稳定性。例如，有的装饰性铺装材料会比其他材料更容易更换，因此这种材料更适合用在人行道或自行车道上。

在寒冷气候下，要采用可生物降解的、非腐蚀性的除冰剂。

排水岩层必须清理干净，并用过滤织物包裹。

要保护邻近的地下基础设施，可使用以下办法：与地下基础设施之间保证留有最小间隙；铺装防水垫层作为保护；设置较深的路缘石，把路基或并行的公用管线与透水性路面设施分隔开。

在寒冷的气候下，融雪盐的使用要适度，以便减少地基土污染。植物耕种应小心谨慎，而且应避免使用磨料（如砂或煤渣），以保护路面铺装系统的整体性。

透水铺装应在48小时内排干积水。

透水铺装一般需要进行定期清理（吸尘或动力清洗），以便清除空隙中的污泥，保证雨水正常下渗。

建议

2 要使用排水系统处理溢出的过量雨水，如果局部渗透更为合适，可把这些径流输送进市政排水管网。

以下建议可供选择

3 应根据工程条件限制和周围街道环境情况，来选择合适的铺装材料，如透水砖、透水混凝土、透水沥青或其他材料。[9]

临时性设计策略

由于资金支持有限、审批和监管流程复杂以及建造周期漫长等原因，各城市通常都难以按照社区希望的那样尽快将改造项目交付使用。临时性设计策略是城市决策者用以在短期内改善城市道路和公共空间的工具和手段。这些措施包括使用低成本、临时性的材料、新的公共设施，以及与当地利益相关者达成创造性合作伙伴关系等，这些手段共同作用，可加快项目竣工交付，并使设计更具灵活性和可实施性。

临时性设计策略

无论是沿路缘设置一个街边休息区，把一段狭窄通道转变为行人专用区，还是改造一个复杂的交叉路口，城市都有机会和有责任使宝贵的街道空间得到最有效的利用。临时性设计能够作为与社区沟通的纽带，有助于在项目施工前寻求大众的认可，测试其功能实用性。

路缘迁移

街道与人行道的分隔界限通常是由沿街停车区、街具以及为行人与驾驶员之间提供缓冲作用的物理设施来划分的，然而路边区域除用于停车外还有提供多种服务的潜力。

街边停车空间或路边的通行空间均可转变为公交车道或自行车道。两个或四个停车位可以替换为一个街边休息区或自行车围栏。在周末或午餐时间，路边空地可以提供给食品车或商贩进行商业活动，提升道路活力，成为街道上的一个目的地。

人行道临时性拓宽

随着街区的变化和发展，街道的使用强度也可以改变。拓宽人行道可以使用临时性材料，如环氧砾石、种植床和短柱等，在重新改造之前减少行人拥挤。

交通稳静化

可以利用狭窄的排水沟安装临时的交通稳静化设施。右图中这些独立种植床有助于在全面改造完成之前减缓车流速度。

自行车停车架

在当地企业或业主的要求下，通常以自行车停车架取代一个停车位，容纳12~24辆自行车停放。由于停放自行车不会对行人穿行车流时的视线造成阻碍，自行车围栏可以设置在交叉路口的街角，不会影响其充足的光照。自行车停车架已经显现出对商业产生的积极影响。

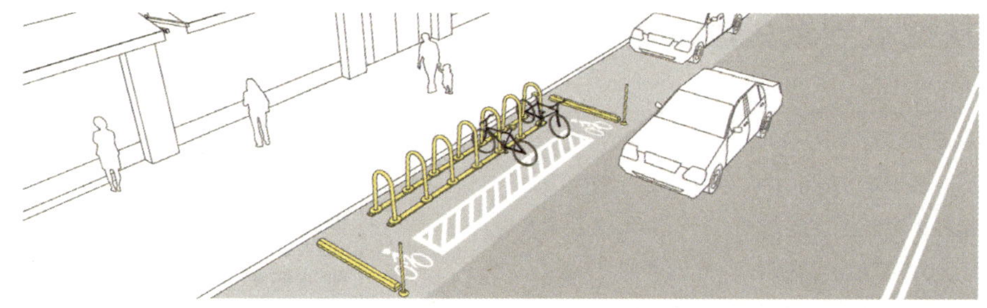

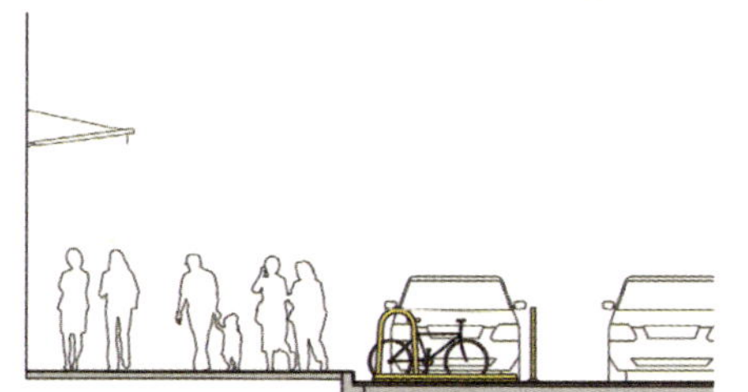

共享单车

共享单车停车处可以视为公共交通系统不可分割的一部分。车站地图和停放亭能起到焦点的作用，为参观者明确方向，同时把人吸引到关键目的地。

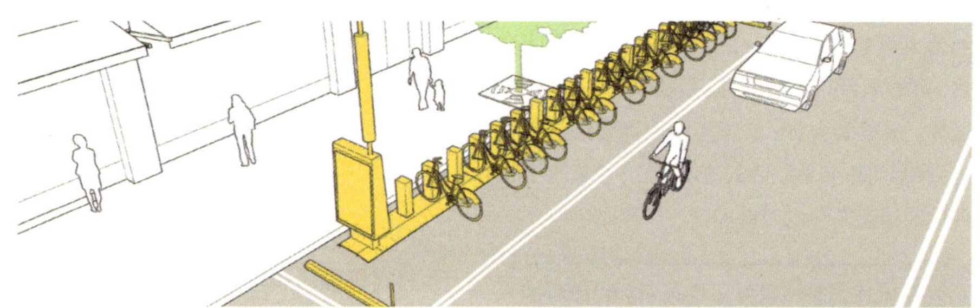

街边休息区

街边休息区是利用几个停车位替换的公众休息平台，是社区聚会的地方，能刺激当地商店和购物中心的发展。

从试点到永久性改造

常规的项目开发从计划到基本建设的开展要历时若干年，在此期间，项目开发的势头和资金投入可能会逐渐削减。一个项目从概念阶段到实际实施这段时间，政治意愿、市民参与度以及当时的城市政策等方面都会发生很大的变化。尽管这些开发过程都是根据评估和评价项目的潜在影响而设计的，但小规模、临时性的改变——如拓宽人行道、建造公共广场、设置街道座椅等——能更快捷地在社区生活中体现出效果好坏。临时性设计策略相比于常规开发过程，能允许城市实时评估目标项目产生的影响，并且能更快速地获取项目带来的效益。大多数这样的临时性设计都会继续展开，变成全面实施的基本建设项目，有的项目则会基于其实际使用状况进行调整，或重新设计。这样可以使最终结果完好，而且可以节省以后的成本支出，也省去了今后改造所需要的改善措施。

临时性设计策略尽管对实现某些项目具有推动作用且有效，但不可能适用于所有的地点和社区。城市应该评估一个临时性设计能否被当地相关利益者接受，从而避免在资本阶段本来很受欢迎的项目出现问题。

虽然很多城市把临时性设计视为项目试点或测试阶段，但也有人认为临时性设计等同于永久性改造。项目的持久性应视单项工程情况而定，但在开始阶段要把临时性和永久性联系起来看待。

	常规项目开发进程	阶段性/临时性设计策略
第一年	概念	概念
	规划/拓展	规划/拓展
第二年		临时性设置
		影响分析
第三年	设计	设计
第四年		
第五年	建造	建造

布鲁克林威洛比广场

改造前

威洛比街位于布鲁克林区中心，是一条低流量的单街区街道，介于布鲁克林文化中心与主要购物区之间，深受行人喜爱。

临时性设计

2006年，这一部分街道采用临时性的栽植、座椅和隔离柱等措施，禁止车辆进入。

改造后

威洛比广场在实施了全面的基本建设过程后永久建成，于2013年正式开放。

街边休息区

街边休息区是一种提供公共座位的平台，把街边的停车区域转化为有活力的社区空间。

街边休息区也称为街道座椅或路边座椅，是城市与当地商业、居民或街区组织之间合作的结果。大多数街边休息区的设计都独具特点，把座椅、花木和自行车停车架等整合起来，并能解决公共空间在激活社区零售街道和商业区方面未能满足的需求问题。

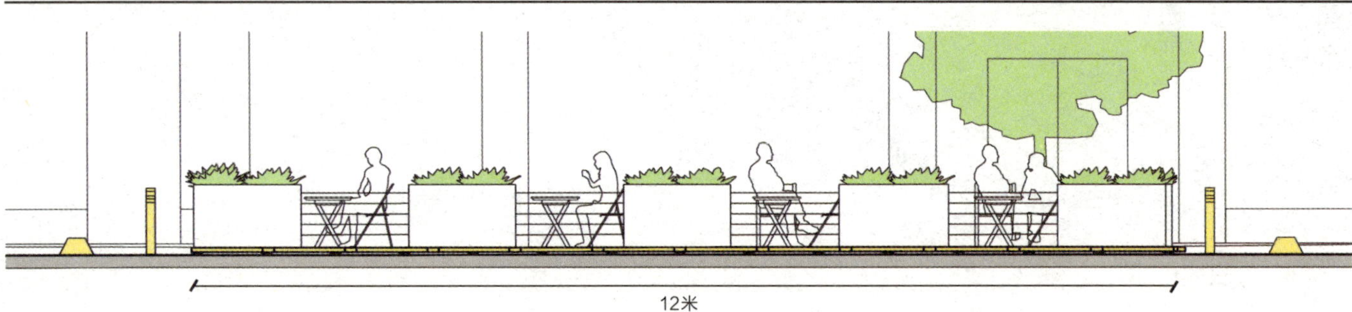

应用

当人行道狭窄或拥挤，不便于设置传统的露天咖啡厅，或当地业主、居民认为需要在某个特定的街道上扩充室外座位和公共空间时，通常设置街边休息区。为获得街边休息区，业主需要征得城市管理者的同意，有些情况下需要通过全市范围的申请流程，来争取把一个或多个车位替换成街边休息区。

益处与注意事项

街边休息区通常由邻近商业和周边居民合作进行管理。合作伙伴维护并合理安排街边休息区，保证休息区没有垃圾和杂物。在没有当地合作伙伴的地方，可由城市把街边休息区当作传统公园或公共空间设计并进行后期管理。

街边休息区应该通过有竞争性的申请过程来决定由谁来管理，这一过程的参与者通常包括城市交通部门、规划部门或公共工程署等。[1]

降雪频繁的城市应考虑在冬季拆除街边休息区，以防与铲雪机等街道清洁车辆发生冲突。

街边休息区的大小和设计决定了其成本的多少。设计和安装费用通常由负责维护的合作伙伴承担。如果城市想使项目更适用同时价格更低廉，则可以使用标准化的街边休息区设计方式。[2]

虽然街边休息区最重要的目的是作为社区资产，但同时也展示出了为临近商业增加收入的潜力。[3]

关键点

1 为了保证行驶车流和停靠车辆视线通畅，街边休息区必须设置缓冲区，可在距离4英尺（1.2米）处设置阻轮设备，作为车辆缓冲区。这一缓冲空间也可以作为周围业主存放路边垃圾的地方。

2 街边休息区应设有便于提醒行驶车辆的垂直设施，如可移动的邮箱或隔离柱等。

休息区的任何一边均有阻轮器。

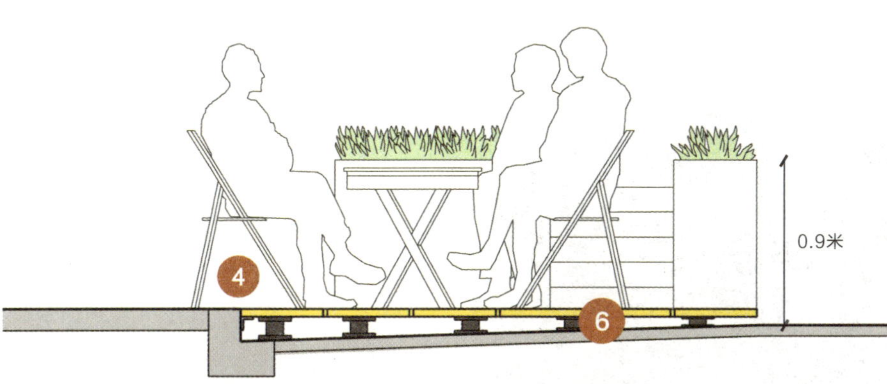

钢制过渡板可确保从路缘向休息区的木质表面过渡。

拜森底座是休息区很常见的一种基础结构。

宾夕法尼亚州费城

分别为改造前、建设期间以及改造后——第44街的街边休息区

3 理想的街边休息区最小宽度为6英尺(1.8米),或是与停车道的宽度相等。街边休息区的空间一般需要由一个或多个平行停车位或三四个斜角停车位改造而成,但是这要根据地点、环境和街具安装的特点等具体情况而定。当街边休息区沿整体路缘长度延伸时,必须考虑到易达性和视线的通畅。

街边休息区的设计不应与处理雨洪径流的排水系统相冲突。在路基和休息设施平台之间要设置小型管道以便于排水。

4 街边休息区要与人行道和路缘石平缓过渡,方便行人进入,同时避免出现绊倒的危险。

建议

街边休息区最好不要设在街角,设在距交叉路口街角一个或多个车位的距离处最适合。如果要在交叉路口附近场地设置路边休息区,应考虑到转弯车流量、驾驶员视线是否通畅、能见距离和日间光线情况等。

街边休息区的设施要有足够的重量,以免被盗走。选择位置时要考虑白天和夜晚的监督管理水平。

5 座椅要与街边休息区形成整体。座椅可与休息区进行一体化设计,或使用可移动桌椅。

6 街边休息区的基础结构设计各不相同,可根据街道的坡度和整体结构方案做相应变化。基础结构必须能够应对街道的拥挤状况,并为街边休息区提供平坦表面。“拜森底座”是通常采用的做法,位于休息区表面下,具有不同高度。另一个办法是使用钢结构基础和角钢梁。[4]

街边休息区应该使用防滑表面,以尽量减少危害并便于轮椅人士使用。

沿街休息区地面承重标准应随力度而变。最低设计标准为每平方英尺(1平方英尺等于929平方厘米)承受100磅(45.4千克)的重量。[5]

7 可以使用开放式护栏界定空间。栏杆应不超过3英尺(0.9米)高,并至少能够承受882N(90千克)的横向力。[6]

街边休息区设置座椅时应避免干扰地下基础设施通道,并避免与电力变压器的顶盖发生冲突。

以下建议可供选择

任何私人街边休息区的设计都会因主要参与者或申请人的意愿发生变化。设计可以包括座椅、绿植、自行车道或其他街具,但一定要致力于创造社区的焦点和受欢迎的公共聚集地。城市可以选择一个标准设计模式,从而减少申请者在设计和建造方面的成本。

自行车停靠点可以并入或毗邻街边休息区。

旧金山的街边休息区项目

旧金山的街边休息区项目把停车点改造成了有活力的公共空间。街边休息区拓宽了人行道，并提供了街区便利设施，如座椅、景观绿化、自行车停放点和艺术品等。项目申请过程需要有社区支持备案，使社区得以积极地参与街道美化活动，创造性地利用公共场所。方案设计具有易达性和包容性，能吸引行人、自行车骑行者和购物者在此逗留、休息和交谈。每个街边休息区的设计都与众不同，独具场地特色，反映了各个街区的独特性。

过程

由旧金山规划部门领导的一个跨部门团队每年都会对街边休息区提案提出要求。商店业主、社区组织、商业开发区、居民和非营利组织等都可以申请发起一个街边休息区。发起者必须负责组织社区推广、设计街边休息区、提供建造资金、承担维护保养以及提供责任保险等活动。材料和设计必须是临时性的，而且可以移动，发起者每年还必须更新街边休息区的许可。

设计

旧金山的街边休息区通常要符合以下几个设计要求：

- 替代1~2个平行停车位、3个垂直或斜角停车位；
- 应设在限速为25英里/小时（40.2千米/小时）或者更低的街道上，路面坡度不能超过5%；
- 不影响公用基础设施通道，不能与消防栓、残疾人停车位、公交车候车区或路面排水系统等产生冲突；
- 建造标准要同时符合《旧金山建造条款》（*The San Francisco Building Code*）和《美国残疾人保护法》（*The Americans with Disabilities Act Accessibility Guidelines*）；
- 设置阻轮设备，街角处设交通反光标牌，并留出缓冲的边缘空间；
- 要使用高品质、耐用的材料。

街边休息区由私人发起和资助，代表了一种拓展和激活公共空间的经济手段。该项目从2010年最初发起了6个街边休息区试点开始，旧金山已经在市区内设置了38个街边休息区。

临时性封闭街道

在以下情况中街道会临时封闭，如供儿童玩耍、举办街区聚会、作为街头集市场地，以及街道在特定日期向市民开放等。这些临时封闭街道的做法反映出城市对街道的利用方式范围广泛、类型多样化。无论是作为未来项目的前期试点，还是作为季节性或每周开展的活动服务，临时性封闭策略能够激发街道活力，展示出参与商业和社区的风采。基于街道的用途和特点，临时性封闭街道可以采取许多形式，从强调主动性的娱乐、骑行或锻炼活动，到商业活动、品尝美食或艺术活动等不一而足。

讨论

实施街道临时性封闭策略，可使城市更好地利用路面，尤其是在非高峰时段和周末。

封路策略能唤起人们对商业街区和目的地的关注，提升指定路线的步行人流量。统计数据可以验证公众对成功实施临时性封闭街道的看法，尤其是对创造永久性的公共空间大有裨益。[1]

若以有关推动居民休闲娱乐和运动为主题，街道临时性封闭策略可与城市公众健康的更大目标保持一致，鼓励居民充分利用公园道路和林荫大道作为娱乐设施。[2]

道路封闭通常需要在当晚或次日进行额外的垃圾清理和街道清洁工作，以保证当地商业的活力和居民参与的积极性。

关键点

应使用可移动的交通控制设备或路障，以确保车辆不会进入封闭街道。并不是在所有情况下都需要警察执法。

建议

在有定期安排的街道，尤其是有日常性活动或每周开展活动的街道，应设置管理标志来表明街道的封闭情况。

全天候的活动会使街道临时性封闭效益最大化。活动可能包括表演、休闲、食品贩售等其他活动。[3]

佐治亚州亚特兰大

街具（包括座椅、桌子和灯具等）会使临时性封闭的步行街更有活力。

在街道封闭期间，应允许车辆在早上或晚上进入街道进行装卸货。

应该慎重考虑临时性行人街道的命名规定。街道品牌化推广应基于目标用户和参与者进行分析。

纽约州布朗克斯区

“周末徒步”是一项有5年历史的活动，由纽约市交通局和当地合作组织联合发起。该项目于5月至10月期间在全市范围内开展社区街头活动。

以下建议可供选择

对于某些街道来说，在晚间封闭可能比较受欢迎。出于驾驶员在夜晚时能见度下降的考虑，在夜晚封闭街道时应加强监控，避免发生交通事故。可能需要增加额外的照明，实行夜间警察执法也是不错的选择。

路易斯安那州新奥尔良

波旁街每晚都会封闭，全年不间断执行。

在某些情况下，可允许自行车通行临时性封闭的街道。通常可根据预期的行人交通状况和街道的可使用宽度来确定自行车骑行者是否共享封闭街道。在开放街道举办活动时，自行车可以在任何情况下通行。

封闭街道后的用途分类

临时性封闭街道限定街道在一天中的某些时段仅为行人提供服务（有时也会允许自行车、轮滑者和滑板者进入），尤其是每周或每年的特定日子，或是某个季节的特定日子。尽管很多街道为举行特定活动会定期封闭交通限制车流，但街道临时性封闭措施更适用于有定期封闭安排的街道，如步行街、供孩子玩耍的街道或农贸市场等。

临时性封闭街道策略通常适用于以下情况：

（1）供孩子玩耍的街道。

供孩子玩耍的街道是指在下午或周末的特定时段，临时封闭低交通流量的当地街道，供孩子玩耍、娱乐所用。这样的街道通常毗邻操场、学校或居住区，周围公园空间有限。

（2）步行街。

在街区主干道，步行街通常在周末或特定季节封闭。步行街外临时性封闭通常因文化活动和社区的安排而发起，而不是专门为商业活动或街道美食提供场所。

（3）市场。

这类街道通常毗邻公园、地标等，为集市或农贸市场提供场所而全部或部分封闭街道。市场通常为季节性的，而且只在白天开放。

（4）开放街道。

在周末的特定时段对主要的林荫大道或公园道路进行封闭。开放街道通常允许行人、自行车和其他娱乐人员进入，并且规定只能在街边开展静态活动。

洛杉矶的自行车节倡议

洛杉矶的自行车节倡议向骑行者、行人、滑板者和轮滑者开放城市街道，把城市中最大的公共空间——街道——临时转变为充满活力的主要交通通道。自行车节最初由一个志愿者团体于2008年发起，路线长度在6.3~15英里（10.1~24千米）的范围内变化，这一届自行车节预计有15 000人参加。

（1）公众、个人与非营利组织之间的伙伴关系。

受拉丁美洲的自行车节启发，一个志愿者团体在2008年开始构思"洛杉矶版"的自行车骑行日活动。该团体在2009年转型为非营利组织后，"自行车节倡议"的员工参加了街区理事会议，以寻求支持并向选民表明社区居民对此有着浓厚的兴趣。在获得选民的支持后，自行车节组织联合市长办公室和洛杉矶交通部门，安排了活动的后勤工作。由此产生的公私非营利合作伙伴关系使所有利益相关者都有所受益。这一非营利组织为自行车日制订了整体计划，包办责任保险，并为活动进行了募捐。自行车日的资金来源包括政府拨款、基金会提供和私人赞助。一个私人生产公司则负责后勤、平面设计，并为活动配备工作人员。洛杉矶交通部门和市长办公室协同负责交通管理、活动许可和政策制定等。

（2）设计。

自行车节的路线选择考虑了人口密度分布、交通连接性、商业通道以及目的地，如公园、广场或醒目的建筑物。规划者通常会回避有陡坡的街道，并会同工作人员对破损路面进行维修，保证指定路线的路面平滑顺畅。每一届自行车节都尝试采用不同的路线来展示洛杉矶不同街区的风采，然而工作人员也发现，重复使用同一路线好处很多，特别是在当他们与商业单位建立起合作关系，并尝试更有创造性的方式与参与者互动时。

自行车节活动开展时仍然允许汽车在指定的交叉节点穿行，从而尽量减小活动对交通网络的影响，并避免切断路线两侧的联系。洛杉矶交通部门的特别行动处负责管理每一届自行车节的活动安排，制定交通管理方案。他们会详细设计交叉路口改线、交通环岛以及其他临时性设施，这些都将在活动中控制交通车流，消除冲突节点。自行车节组织方则负责实施洛杉矶交通部门制定的路线规划。

（3）许可。

自行车节以"城市封闭街道规定"和"申请程序"为指导，在每一届活动开展前申请活动许可。自行车节尽管有一定程度的特权，不需要争取51%以上的街坊市民支持即可封闭街道，但是必须要在每一届自行车节活动开展前给沿线的每一家商店和居民发放介绍相关信息的传单。

（4）社区参与。

在每一届自行车节活动开展之前，组织方会通过用油画布绘制路线的方式通知沿线的商家业主和居民，内容包括街道上允许的交通方式和活动的参与方式。洛杉矶交通部门会出台政策要求停靠车辆移离路线，以保证公众的安全。在活动开展前，自行车节组织方会警示驾驶员注意停车限制，以免车辆被拖走。洛杉矶自行车联盟的志愿者们会协助参与这一大型社区活动。

临时性公共广场

临时性公共广场是把街道上未充分利用的区域转化为公共空间，为周围居民和商业服务。临时性公共广场使用低成本材料，如环氧砾石、可移动盆栽以及灵活座椅等，对原本不安全或未充分利用的交叉路口进行重新布置，使之重焕生机。

像街边休息区一样，临时性公共广场是城市和街区团体或商业组织成功合作的结果。合作伙伴们共同维护、监督并安排这一空间。很多公共广场从临时性试验阶段到最终建成有3~5年的时间，在主体建设完成前，中间申请手续期间，允许社区在近期从公共空间寻求项目支持，并从中受益。

应用

临时性公共广场通常应用在以下几种环境中：

- 要有专门的合作伙伴，通常是一个商业或街区组织，或是一个对现有公共空间不满意的社团，这些合作伙伴们都想要激活、安排和占有未充分利用的街道空间，并能够全年给予维护；
- 街道空间未充分利用，同时车流量较低，行人需求未被满足，并且街道上的步行交通过于拥挤，占用了路面；
- 现有交通在安全性和操控性方面存在问题，需要对交叉路口进行临时性重新配置；
- 已经为永久性广场建设配备好资金，但基本建设实施仍需要几年时间。

加利福尼亚州旧金山

益处与注意事项

公共广场的潜在益处有：

- 使交叉口更加安全紧凑，也更易于行人穿行；
- 减缓车速，并消除交叉路口车辆冲突带来的潜在危险；
- 通过改造未被驾驶员利用或未充分利用的区域，被用来激活公共空间；
- 使周围街道和公共空间焕发活力，鼓励能促进商业繁荣的步行交通方式，使社区的街道生活更有活力。[1]

关键点

1 公共广场内应不允许设置停车场。停车场可以保留在毗邻或平行于广场的地方，但应按照未来资金投入实施建设的占地面积进行设计。

2 临时性公共广场应在人行横道处设有符合《美国残疾人保护法》规定的触觉警示条。同时应格外关注视障人士如何顺利通过这一空间。

沿广场边缘施划双白线，以便有效禁止车辆进入这一空间。

建议

在建造广场时，应使用低成本、耐用的材料，如环氧砾石、油漆和热塑性塑料等。[2]在选择特殊材料和考虑材料耐久性时应注意气候因素产生的影响。

纽约州纽约

采用可移动的座椅、桌子和绿植等限定出临时性公共广场空间，这种协调的设计形式遍及纽约5个行政区。

3 广场应设计稳固的边缘，并采用标线施划、隔离柱以及较大的固定物体（如花岗岩石块或植物等）等组合手段来限定空间。

在公共广场实施之前，建议城市相关部门张贴含有广场信息的海报通知大家，以确保当地商业者了解广场的建设进度。

使用可移动的桌子和座椅，可以灵活利用空间，同时降低成本。由维保人员决定是否在夜间对座椅进行保护。[3]

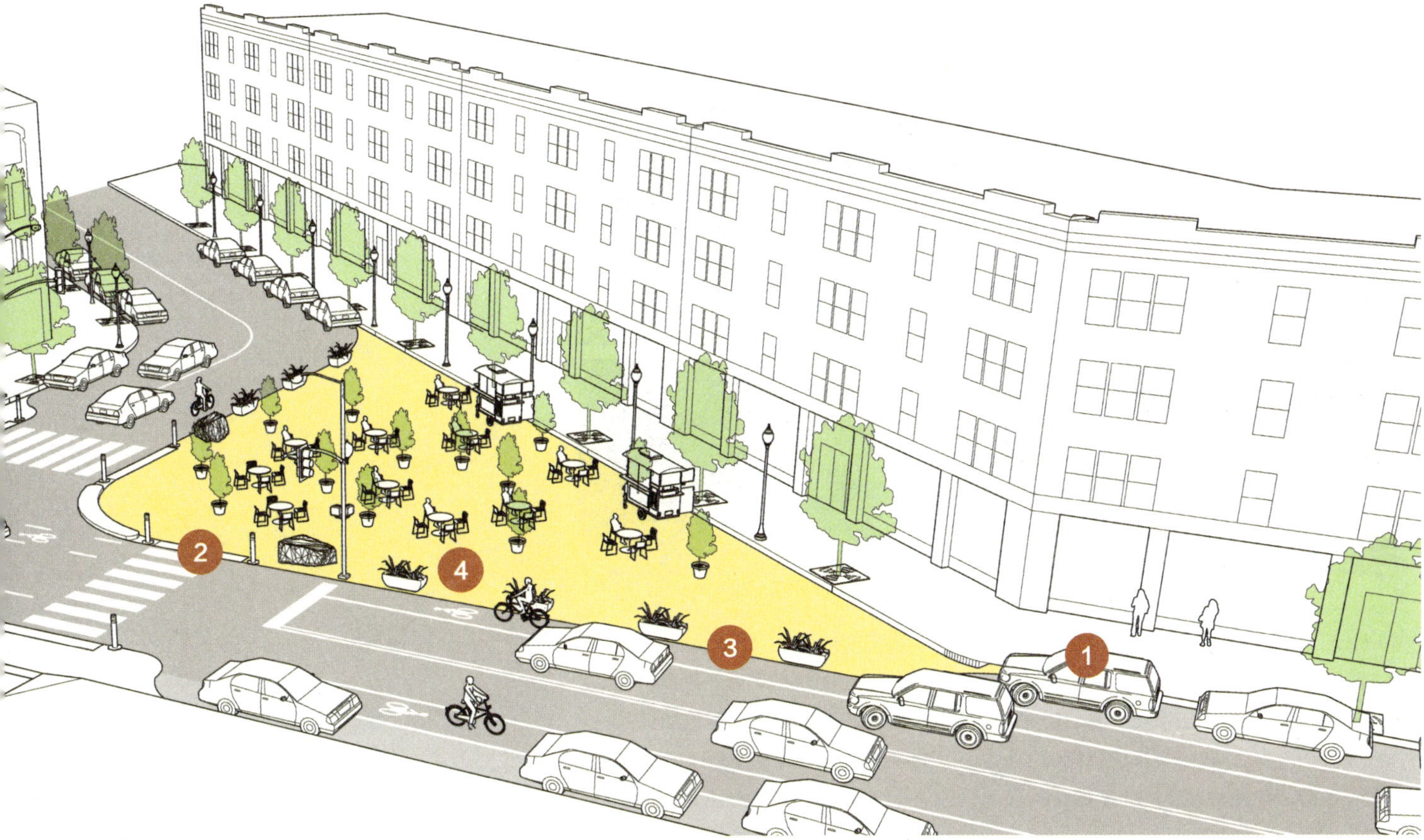

如果有失控车辆或转向车辆侵占广场转角和其他区域的现象，应使用稳固物体和隔离柱等做加强处理，警示驾驶员注意新的路缘线。

广场应全天候提供充足照明。

以下建议可供选择

4 沉重的种植槽、花岗岩石块、可移动座椅和其他街具设施等，均可纳入临时性设计。

纽约州布鲁克林

花岗岩块有助于限定新广场的边界。

加利福尼亚州洛杉矶

自行车停车区可与临时性广场协调设置。

艺术装置、表演、摊贩和街市等都能提升广场的品质，增加识别性，并可吸引当地艺术家、社会团体和商店业主。

若邻近商店在每天早上需要有货车靠近路边装卸货，则广场设计应该便于货车装卸货物。

临时试点广场的设计要考虑排水问题。广场应满足最小横向坡度要求，或者通过边缘处理来减缓整体坡度。

纽约市广场项目

通过与当地非营利组织和团体合作，纽约市交通局的广场项目把未充分利用的街道空间改造成街区便利设施。这一项目发起于2008年，最近在进行第6轮申请，已经为纽约打造了22个新的公共空间。

（1）团体合作关系。

广场项目方接受了非营利组织团体的建议，通过每年的竞争申请程序建设街区广场。纽约市交通局为广场的设计和建造提供资金，并通过公众工作坊整合来自社区的反馈意见。非营利参与者负责以下事项：开展社区推广、参与设计会议、制定资金方案、为广场提供保险、承担后期维护，以及规划活动，以确保广场成为街区内有吸引力的目的地。当地知名的社区非营利组织进行了实地了解，并引入专业知识，帮助纽约交通局获得当地社区董事会的审批，这是实现任何一个广场项目的重要一环。

（2）设计。

虽然这种广场项目通常涉及资本重组，但现在纽约交通局设立了更多资金用于那些在初期使用临时材料的项目，临时性材料包括可移动的桌子、盆栽和遮阳伞等。临时性材料给广场改造带来一定程度的灵活性——缓解了反对声音，理顺了设计和建造过程，资金利用更加有效，并且使社区成员更快地享受到广场带来的益处。一旦临时性广场显出成效，当地居民对永久性建设的认可度就会提升。无论改造是永久性的还是临时性的，使用标准化材料可以简化纽约交通局的工作。

（3）资金。

广场项目的长期专项资金通过2007年发布的“纽约市2030广场计划”的长期规划得到保障。“纽约市广场计划”确立了一个目标，保证所有纽约人都生活在距离公园10分钟步行路程的范围内，广场项目对这一目标的实现起到了推动作用。

道路交叉路口

交叉路口设计原则

城市街道要满足每一个使用者的各种需要和需求，交叉路口无论大小，都要具有足够的安全性和高效性。然而，良好的交叉路口设计远远不限于满足街道的安全性。具有良好设计品质的交叉路口利用街道空间汇集人群，使城市充满活力，同时交通运行对于通行者来说，应更加直观、顺畅，并具有可预测性。

交叉路口设计原则

无论是开车、购物、行走还是驻足，交叉路口都是进行活动和做出决定的焦点区域，因而也是城市街景和交通网络的重要组成部分。交叉路口会引发行人、骑行者与驾驶员之间的一系列严重冲突，但如果精心设计，也会使发生交通事故的可能性大大降低。好的交叉路口设计能发掘城市和经济的潜力，使过度建造或未充分利用的空间充满街道生活的活力。

交叉路口设计应提升所有使用者对交通状况的可见度和预测能力，创造出在复杂的交通状况下依然使人感到安全、便捷和直观的环境。交叉路口的设计应该促进所有街道使用者之间的视线交流，形成一种街道景观，使行人、驾驶员和骑行者都能相互感知，有效共享这一空间。

原则

在城市环境中，交叉路口是街道设计中最具有挑战性的一部分。道路网络中那些节点的交通容量限制决定了人们穿行街道的宽度。行人可能会避开难以穿行的交叉路口，避免让自己或孩子冒着相当大的危险穿越有设计缺陷的交叉路口。这里列出的原则要求从业者把交叉路口建造成人群的汇合点，为每个使用者发挥作用。

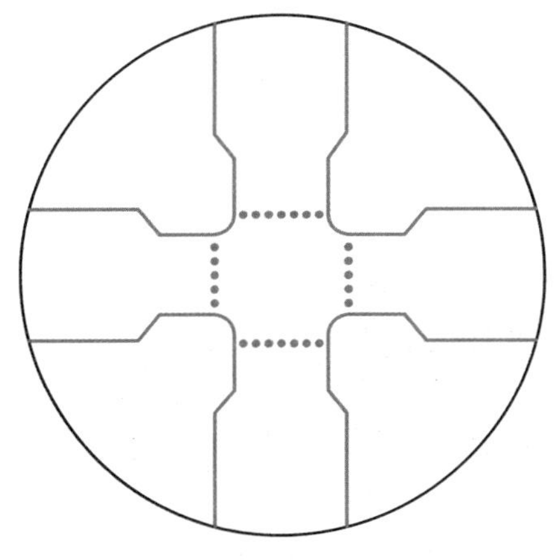

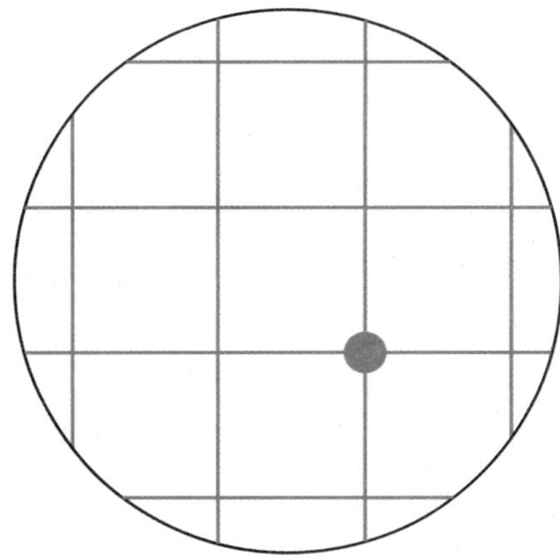

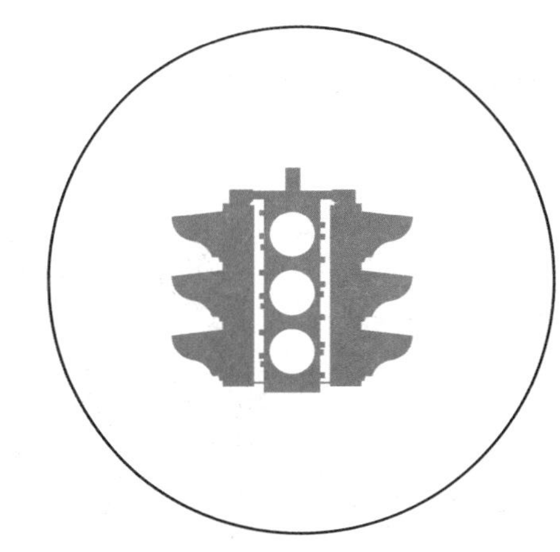

交叉路口应设计得足够紧凑

紧凑的交叉路口会减少行人暴露在车流中的时间，降低冲突点附近的车流速度，并提高街道上所有使用者的能见度。限制增设专用转弯车道和尽端路，尽可能取消左转专用车道。分解复杂的大型交叉路口，形成一系列小型交叉口。利用行人行为现状以及其期待的交通路线来指导设计。

把交叉路口作为路网的组成部分进行分析，而不是孤立的个体

可在交通廊道或路网层面上寻求解决方案。常常要在交叉路口和交通网络之间就交通流量和容量方面进行权衡。

整合时间与空间的关系

通过调整交通信号重新配置交叉路口信号周期，提供代替加宽交叉路口的新方案，来解决延迟和拥堵的问题。整个项目要从时间与空间两个方面整合交叉路口的设计策略。

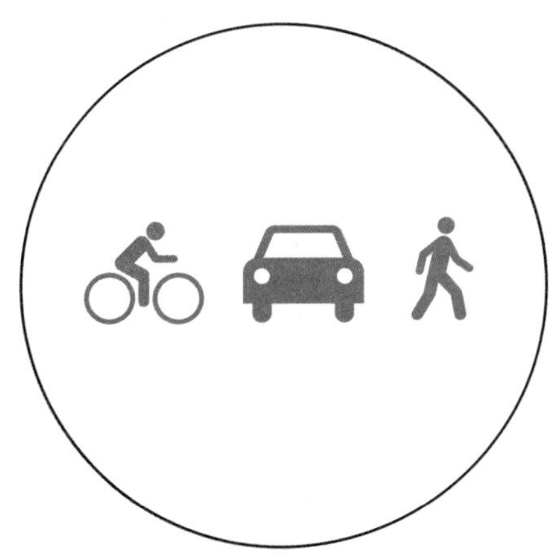

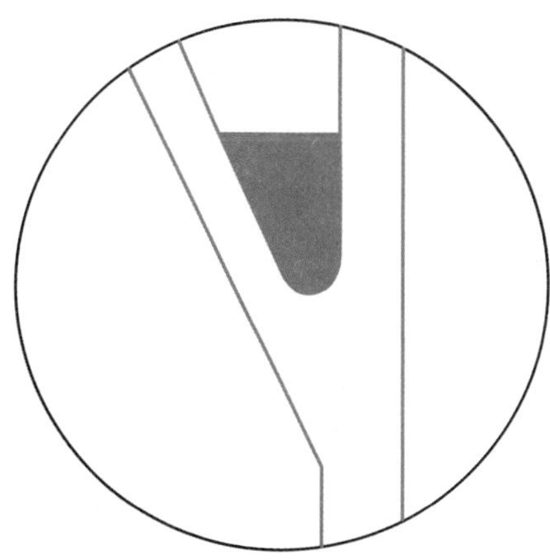

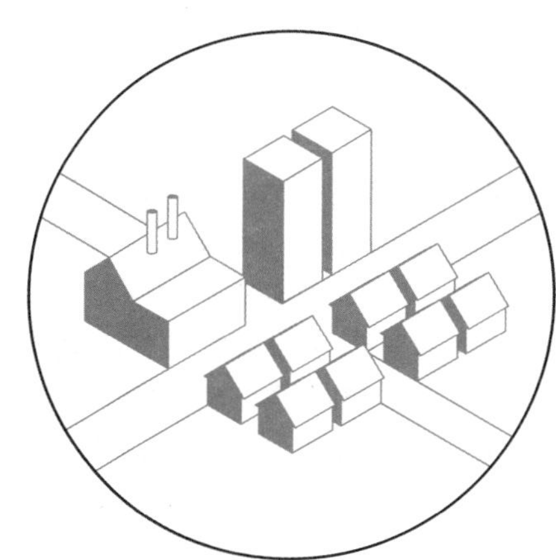

交叉路口应该是共享空间

交叉路口设计的目标不是严格减少某一特定使用者在特定地点发生交通冲突的数量，而是要创造一个空间，使街道使用者在这一空间中能互相察觉到对方，并且提升他们在行动中的可见度和可预测性，从而降低总体事故率和事故严重程度。

利用多余空间作为公共空间

应利用临时性公共广场和低成本的安全性改进措施，来提升公共生活质量，减少近期的安全隐患。

设计要考虑未来发展

设计不仅要考虑现状和未来的土地利用，还应考虑全体使用者预期的和可能引发的需求。土地利用和行人数量增加在制定交叉路口决策时都是同样重要的考虑因素，直接关系到周围群体的满意度和目标制定。

主要交叉路口

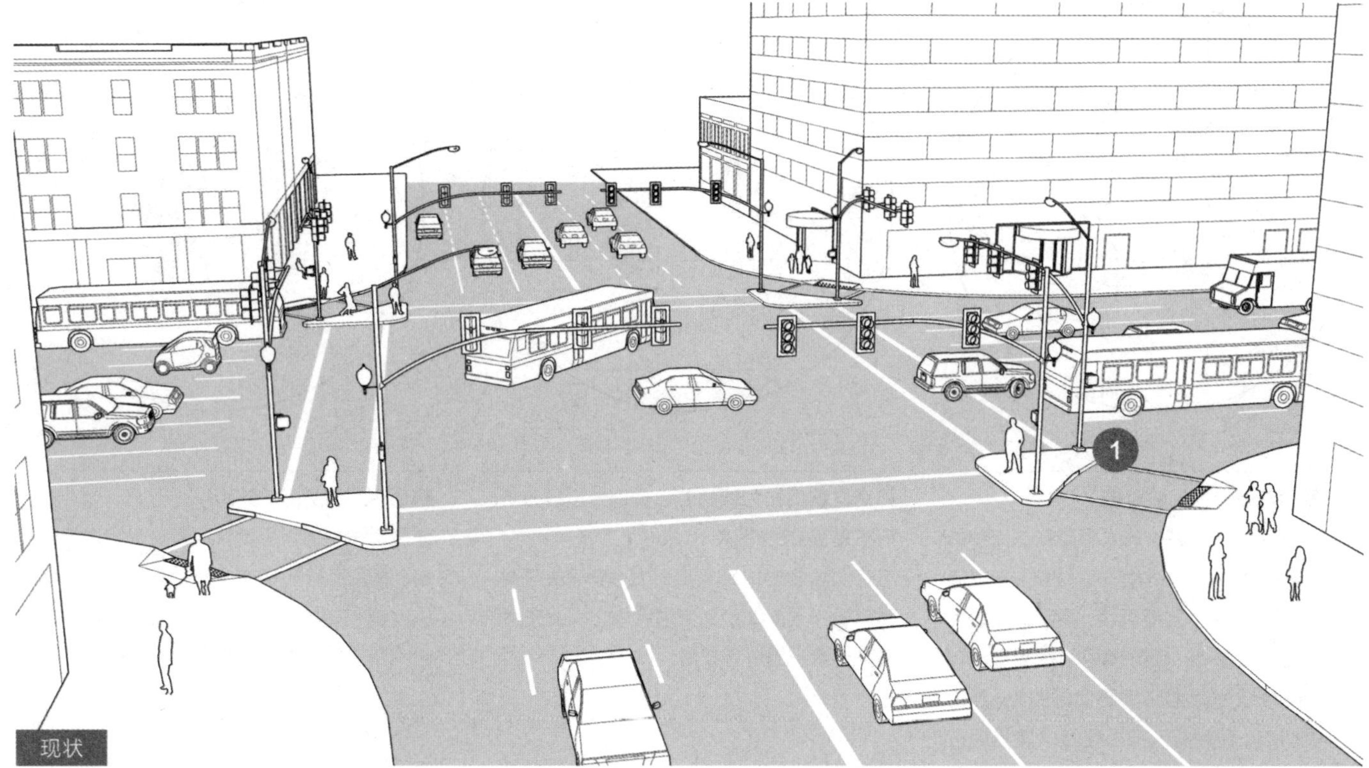

现状

两条主要街道的交叉口既是障碍，又是节点。改造主要交叉路口需要设计师批判性地评估交通工具，权衡使交叉路口更好地为所有人服务的可用措施。缩短信号周期、紧凑的设计方案和行人安全岛等，都是综合性交叉路口的理想组成部分，然而每个交叉口自身存在的权衡因素使这些组成部分很难同时实现。要分析交叉路口的几何形态、信号周期和交通流量，以便制定设计方案，明确街道使用者的层级关系，同时提升交叉路口的安全性和可识别性。

现状

1 上图所示的大型交叉路口通常都设计得远超安全标准，而且驾驶员和行人都难以顺利通行。渠化右转弯车道和其他街道设施致使车辆转弯速度加快，易造成危险。

要通过交通廊道分析来评判是否所有行车道都具有存在的必要性，并且要评估取消一条车道对整个交通网络带来的影响。

在大型交叉路口中，自行车骑行者和行人都承受着过街时间长、穿越道路多带来的苦恼。120秒或更长的信号周期以及二次穿行过街又进一步加剧了交通延迟的状况。为便于车辆高速转弯而设计的交叉口转角半径过大，以及行人安全岛面积不足，这些都无法在繁忙的交叉路口传递安全感。

建议

要使未利用的空间最小化。多余的路面会使车速增加，并可能导致驾驶失误。要通过严格管理交叉路口设计方案和空间布局来控制车速。要缩小车道宽度，取消不必要的车道，从而为自行车车道和循环单车道重新分配空间。

2 要使用行人领先间隔，以便行人优先进入人行横道。如果可能，增加行人安全岛，取消渠化右转弯车道，以便降低转弯车辆车速，创造一个自觉给行人让路的步行环境。如果右转弯车流量足够大，则要提供一个右转车道或混行区。总之，应使车速最小化，尤其是在转弯处。路缘扩展带、紧凑的转角半径、自行车道以及行人安全岛等，都能迫使驾驶员行驶到交叉路口时更加谨慎。

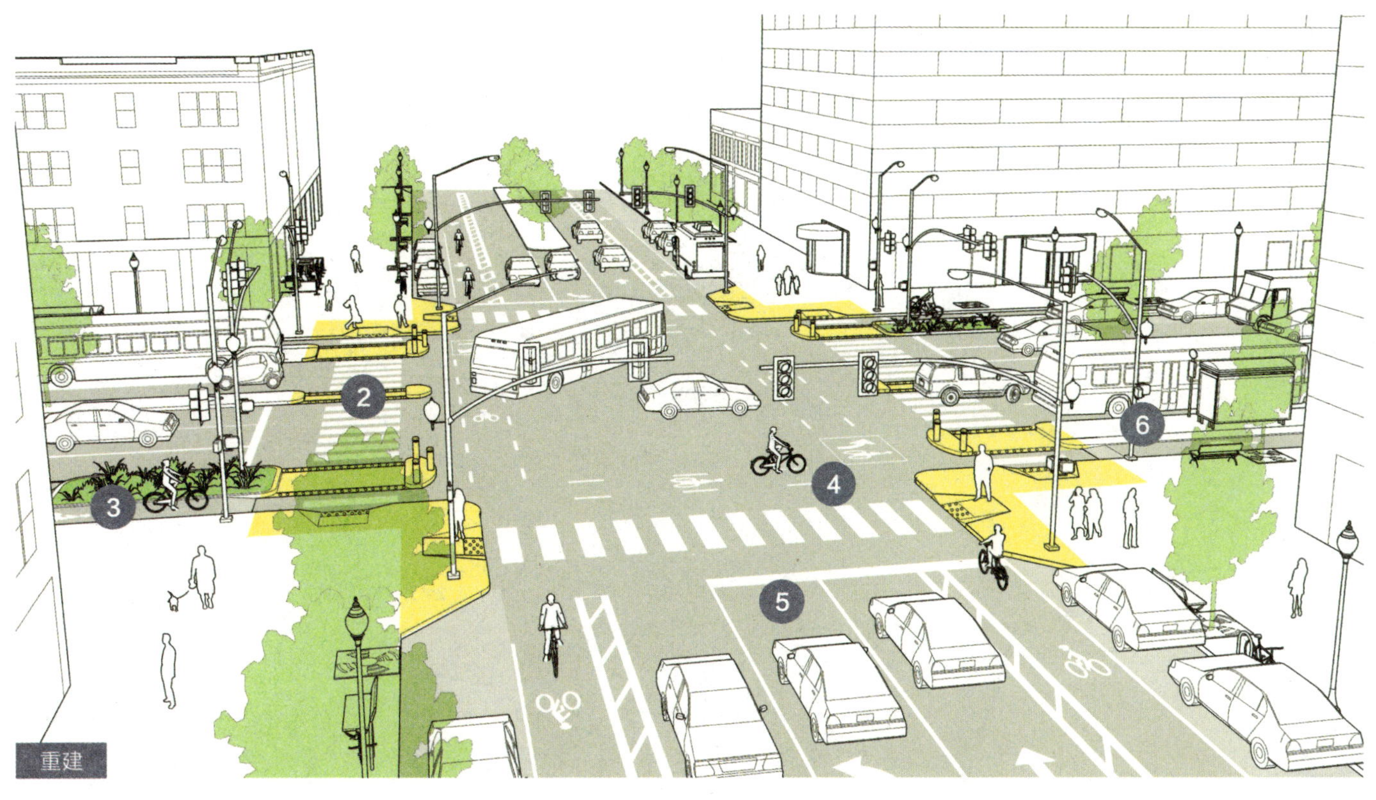

3 在大型交叉路口，要为自行车骑行者设置全信号装置或混行区。尽管从安全角度考虑设置专用的自行车信号灯是合适的，但增加的信号灯相位延长了整体信号周期，增加了所有使用者的等候时间。在转弯车流量可能对自行车骑行者的安全产生威胁时，要避免设置混合区，或者限制转弯。

4 设置交叉口标志和二次转弯排队区有利于自行车左转弯。

交叉路口两侧车道要对齐，并以路缘扩展宽带强化转弯车道，以便减少车流并线和交叉。施划的引导标志要穿过交叉路口，以便减少冲突，引导转弯车辆。

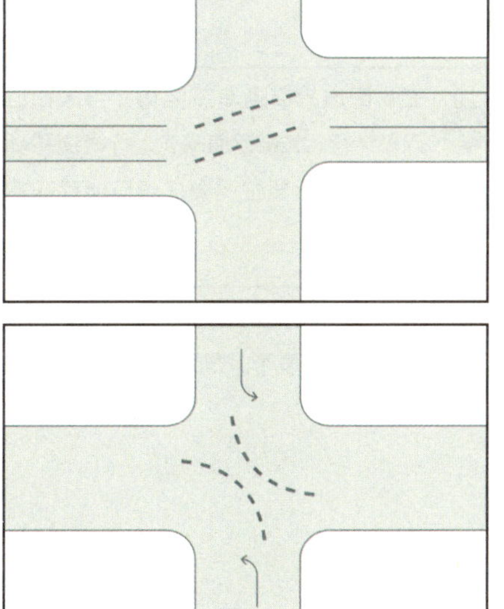

5 在容易出现问题或产生冲突的地方，要考虑禁止车辆左转或右转。

在车辆左转频繁的地方，要设置左转等候区，通过减小自行车道缓冲区来保留6英尺（1.8米）宽的行人安全岛。

6 通过使用公交信号优先使公交车辆的延迟时间最小化。公交车站的布局要根据主要目的地的位置、换乘活动和线路安排来决定。在有信号和无信号的交叉路口，远端式公交车站都是合适的。凸出式公交车站台能提升公交运行效率，并为候车乘客提供专属空间。

要使交叉路口光照充足，以便能见距离最远。应降低车辆速度，使其与视距相匹配，而不是扩大交叉路口或移走障碍物。

主要街道和次要街道交叉口

现状

主要街道和次要街道形成的交叉口通常缺乏与主要交叉路口同样程度的范围限定、安全性和清晰性。自行车骑行者和行人尽管可以在这些交叉路口合法穿行，但设计上通常没有显示出为他们提供了这样的便利性。车辆通常不会在这些地方避让，而且设计上也没有任何暗示应该这样做。

在主要街道与次要街道交叉处，要使用“入口”提示措施，使街道类型和环境的变化更加明确，如设置路缘扩展带、路面抬升的人行横道以及缩小的转角半径等。要利用一些设计元素，使人们从主要街道转向次要街道时，能明显意识到自己正在进入低速环境。

现状

上图所示是一个典型的由主要或中等容量街道与次要街道交汇形成的交叉路口。低容量的支路没有信号控制，主路车速却很快，使横穿街道变得困难。

1 主要街道的交通车流阻碍了行人和自行车穿行。次要街道缺少人行横道和标识系统，无法警示驾驶员要注意可能存在的穿行人流。

2 车辆转到次要街道时车速很快，给低速的居住环境带来危险。

对于许多步行者来说，穿越主要街道充满恐惧感。尤其是在车流间隔时间不足，又没有标志来警示驾驶员的情况下，过街极为危险。

重建

建议

要评估交叉路口的交通流量，以保证有足够的交通间隔时间用于在有标志而无信号控制的路口步行穿过道路。要审视整体交通网络，以便在尽可能减少穿越交通的同时，平衡路网的渗透性。不要限制自行车或行人穿行主要街道。

3 要利用路面抬升的人行横道和路缘扩展带，来限制车辆从主要街道转向次要街道时的转弯车速。抬升人行横道路面，增加了车辆的可见度，以及避让过街行人的可能性。当穿行次要街道时，自行车道以高于次要街道的状态穿过交叉路口，并与路面抬升的人行横道结合，可以明确和强调两者的通行优先权。

4 要尽量降低车辆从主要街道转向次要街道时的转弯速度。如此设计可以使主要街道上的驾驶员在转弯时，尽量避让人行横道和自行车道上的行人。要确保次要街道上的驾驶员在转向或穿过主要街道时，不会产生过多延迟（无论是由交通信号引起还是由交通状况引起）。在合法转弯处设立短柱，使转向驾驶员尽量驶离人行横道，降低与行人发生冲突的可能性。

5 如果使用交通信号，要缩短循环周期，协调信号时序，以确保有常规的交通间隔时间。另一方面，行人可尝试在车辆排队等候时的红灯周期内穿行街道。跨距较大且没有交通信号控制的通道可能需要设置“一律停车”的标志。

6 没有交通信号控制的人行道要施划条纹标志，并严格评估已强化处理的过街设施是否对行人有利，这样的强化处理设施包括行人安全岛、醒目的标识系统、驱动信号或完整的交通信号体系等。

路面抬升的交叉路口

在小型的交叉路口中，可以通过抬升交叉口区域路面的做法，创造安全、低速的穿行通道和公共空间。与减速带和其他垂直限速设施一样，交叉路口路面的抬升降低了车速，并促使驾驶员避让人行道上的行人。

建议

1 交叉口路面抬升后与人行道平齐，确保驾驶员低速通过路口。不需要对人行横道进行特别标识，除非人行横道与人行道不处于同一标高。应设置《美国残疾人保护法》规定的路缘斜坡和导向标志。

2 带有避让控制的交叉路口（和小型环岛交叉口）路面抬升处理适用于低速[小于20英里/小时（30.2千米/小时）]且车流量低的街道，也适用于中等车流量且限速为[30英里/小时（48.3千米/小时）]的区域。考虑到驾驶员可能会忽略行人的优先权，应设置停车标志而不是避让标志。交叉路口的路面抬升处理有助于降低车速和交通事故风险，同时减少驾驶员和自行车骑行者不必要的交通延迟。

3 沿街角设置的隔离柱使驾驶员无法进入步行空间。隔离柱保护行人免受失控车辆的伤害。

4 由两条单向道形成的交叉路口，会有两个街角无车驶入。这样的路口转角半径可以设为最小值，大约2英尺（0.6米），恰好可容纳40英尺（12.2米）长的消防车在不侵占人行道的情况下转弯。

小型环岛

小型环岛，也称为街区交通环岛，能使车速在小型交叉口处降低，也是处理无控制交叉路口的一种理想措施。可以设置简单的标志物，或抬升环岛地面形成小型环岛交叉口，但最好与绿植配合使用，从而起到美化街道和周围街区的作用。应注意所留车道宽度和交通环岛的转弯半径。

建议

1 小型环岛已经证实可以提高交叉路口的安全性。人行道应予以标记处理，以便清晰地划分出行人应该在哪里穿行过街，明确行人通行优先。应设置《美国残疾人保护法》规定的路缘斜坡和导向标志。

2 利用共用车道标志或交叉路口标志引导自行车骑行者通过环岛路口。在自行车林荫路与小型交叉路口的衔接处，要设置自行车路线标志，并利用共用车道标志提示路线方向。

3 设于居住区街道的小型环岛交叉路口旨在使车辆速度尽可能降至最低。在街角和交通环岛最宽处之间，应预留约15英尺（4.6米）宽的净空间。

4 环岛设置的灌木和乔木能进一步发挥交通稳静化作用，同时美化了街道，但需要进行适当的维护，确保不影响视线。

复杂交叉路口

复杂的交叉路口，尤其是那些位于街区中心或毗邻几条主要干道的路口，极有潜力满足人们对公共空间的潜在需求。不规则的交叉路口是城市持续发展和变化的产物，通常出现于相邻网格的衔接处，也可能因新建或原有街道切断传统街区的布局而产生。由于过度开发和交通混乱，这些交叉路口对所有使用者都造成安全隐患。交通车流和多相位信号加剧了行人和自行车骑行者的交通延迟，与此同时也导致驾驶员们不知所措。锐角的交叉路口会降低驾驶员的可见度，而钝角的交叉路口则会导致车辆以较快速度转弯。无论是锐角还是钝角交叉路口，都会造成行人不必要的长距离穿行。要对这样的交叉路口进行改造设计，使其尽量接近90°，实行转向限制，并在适当的地方实行车道方向反转。

以下几个例子都以真实交叉路口为基础。

“Y”形交叉路口

增设安全岛，或把道路交接处改为直角。限制钝角街角附近的转弯车速；缩短行人穿行距离；使人车流线分离。

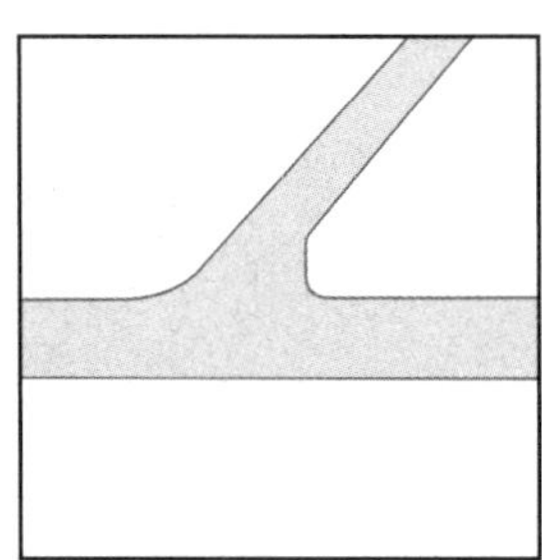

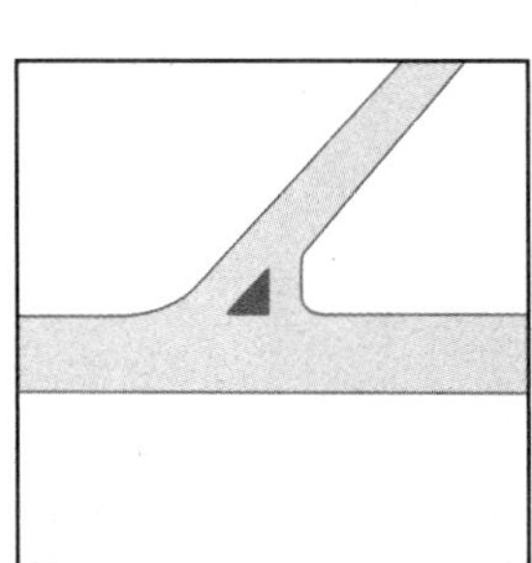

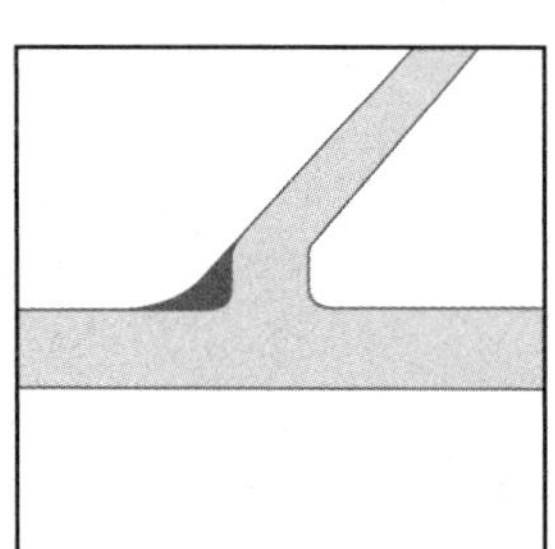

“X”形交叉路口

尽量缩小交叉路口空间，或形成两个小交叉路口。小型交叉路口的间距要么足够远，使其作为两个路口来运行，要么两个路口的间距足够近，使其作为一个路口运行。

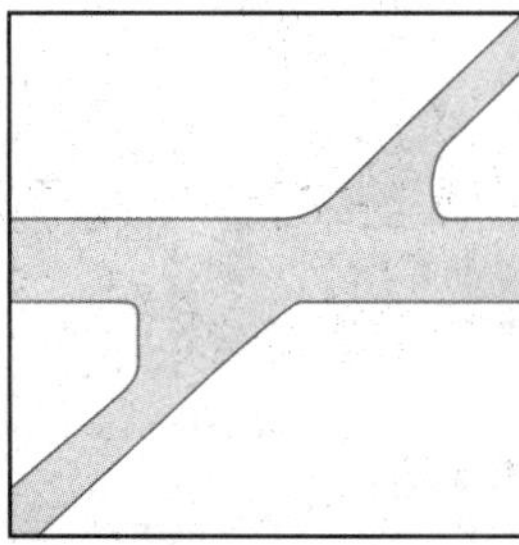

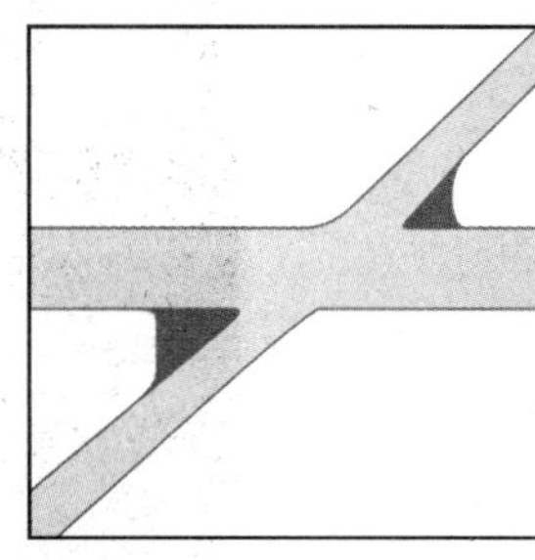

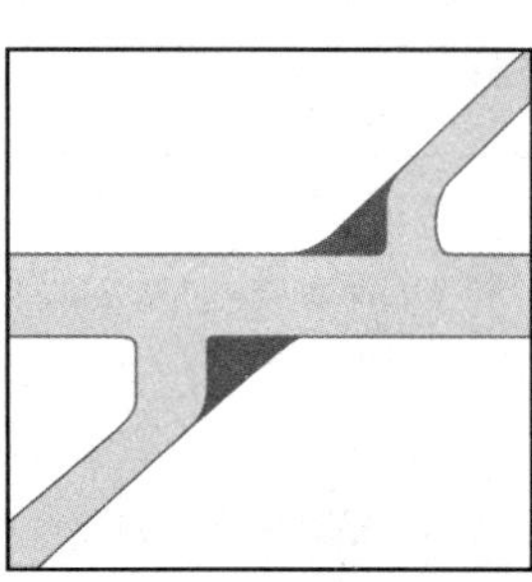

五路交叉路口

把道路交接处改为直角，并把两条车道分离开，或者取消其中一条车道。有的道路作为非机动车路线非常理想。

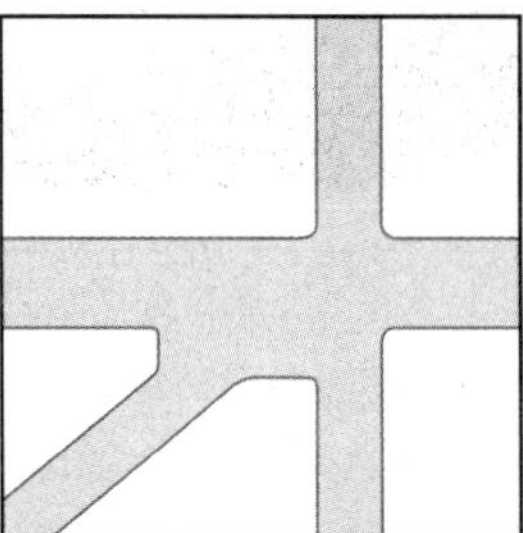

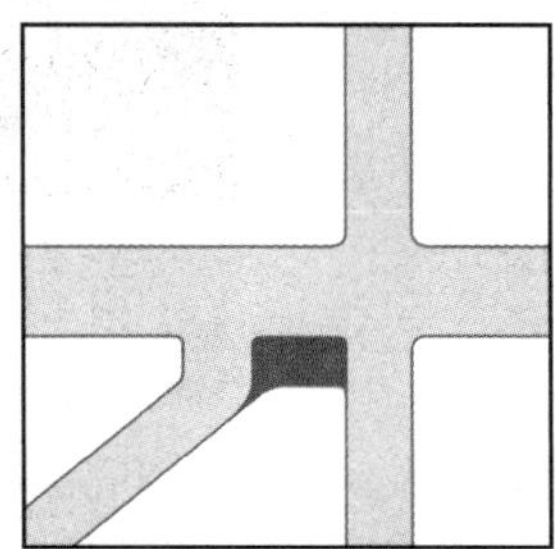

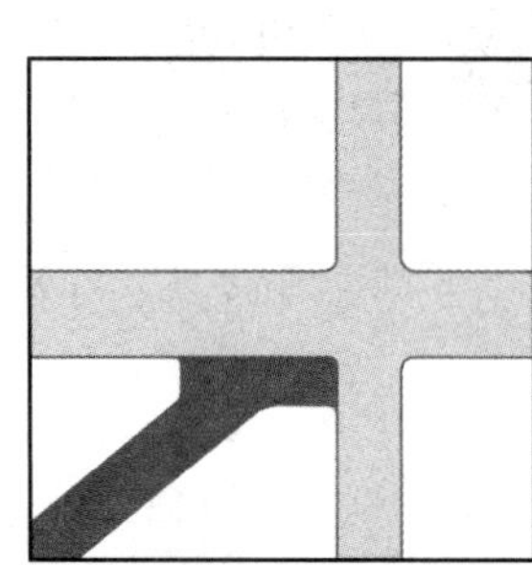

网格与环形道路结合

要么优先考虑网格道路，要么优先考虑环形道路。要保持视线通畅。

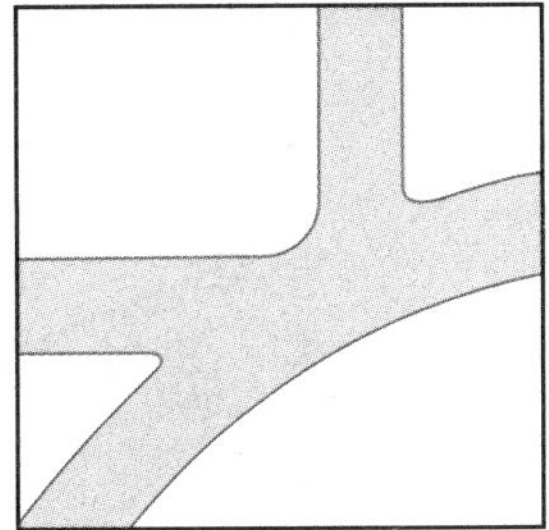
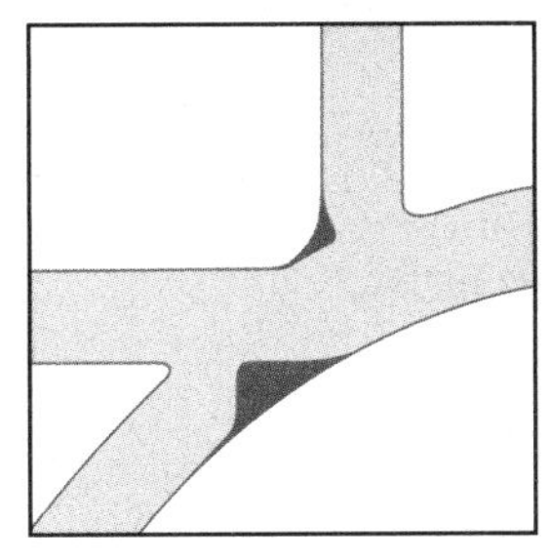
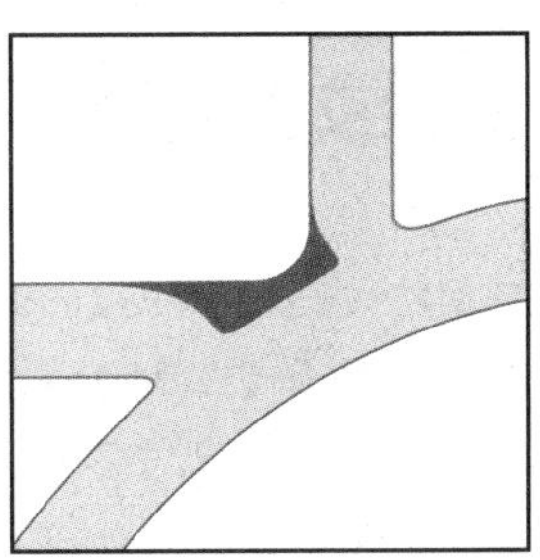

“Y”形路口与网格结合

增设安全岛，或把道路交接处改为直角。限制钝角处的转弯速度；缩短行人穿行距离；使人车流线分离。

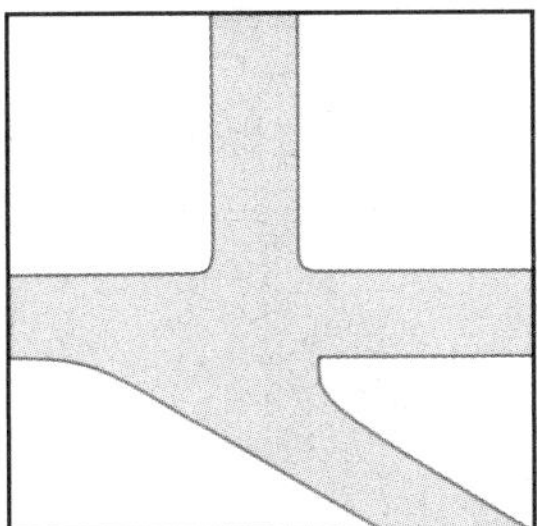
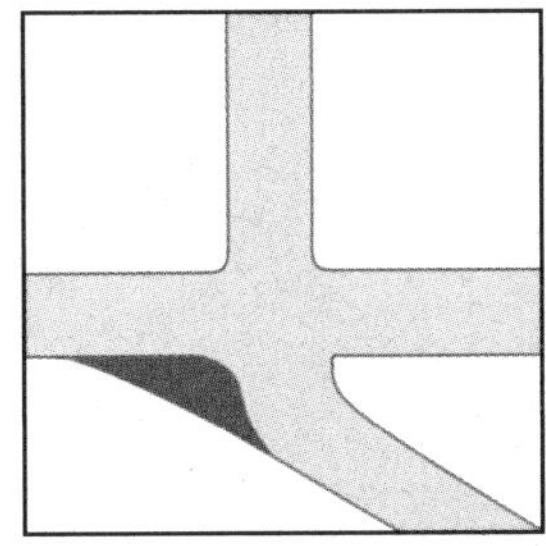
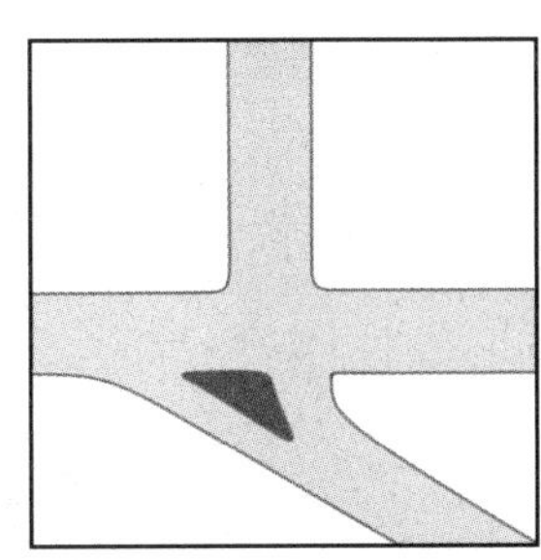

支路与主干道结合

用路缘来限制驾驶员，或延长中央隔离带。

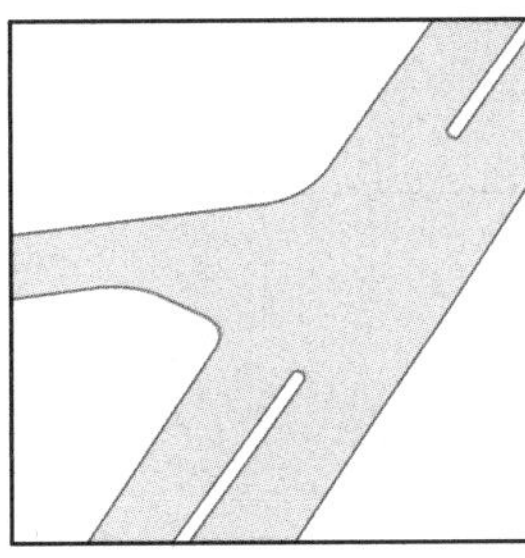
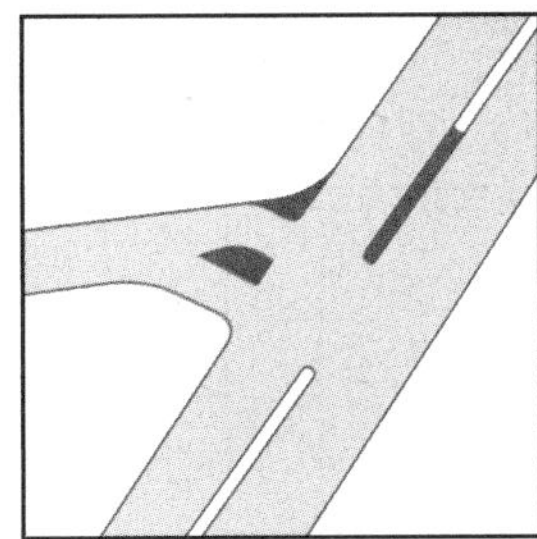
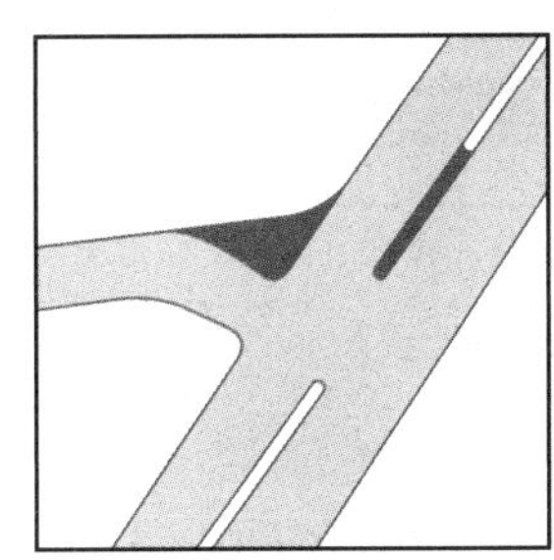

网格与主干道结合

要明确化、简单化。把冗余的街道空间改造成绿地。

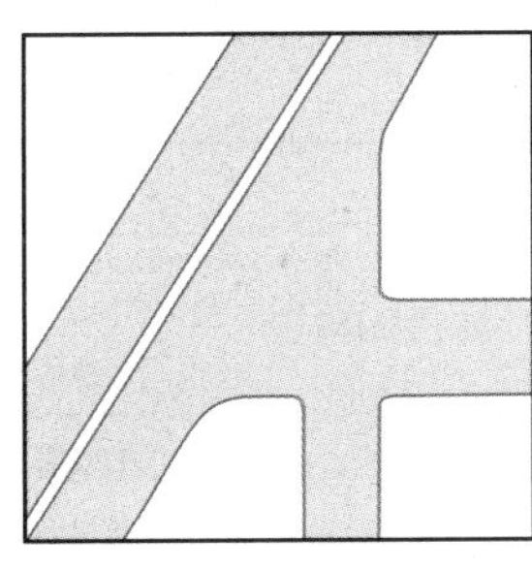

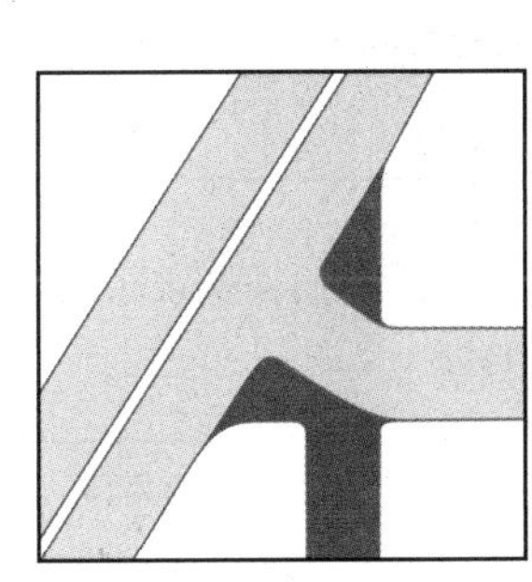

大型终端

要对车流进行组织，并安排好车流优先顺序。可从整体路网中找到解决方案。

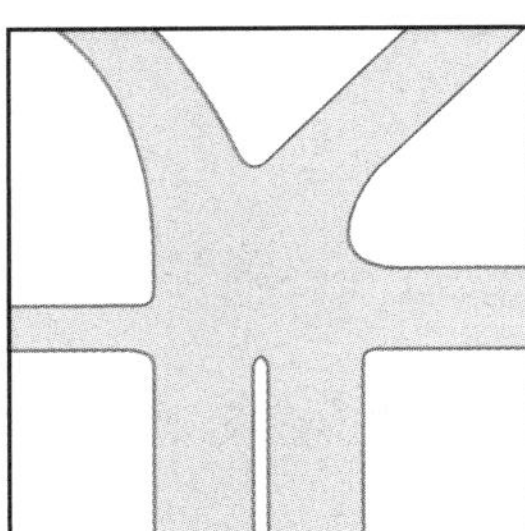
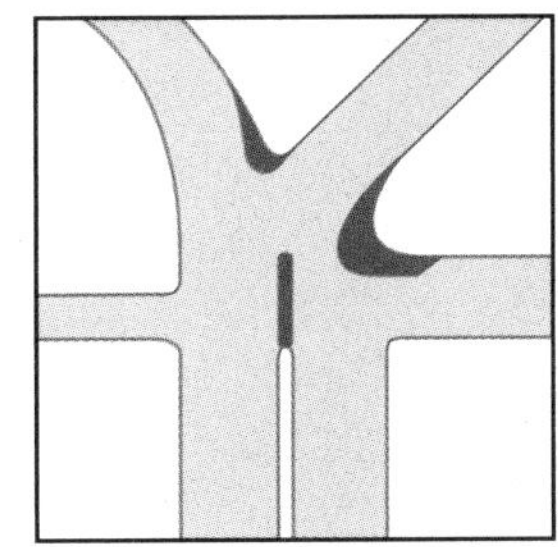
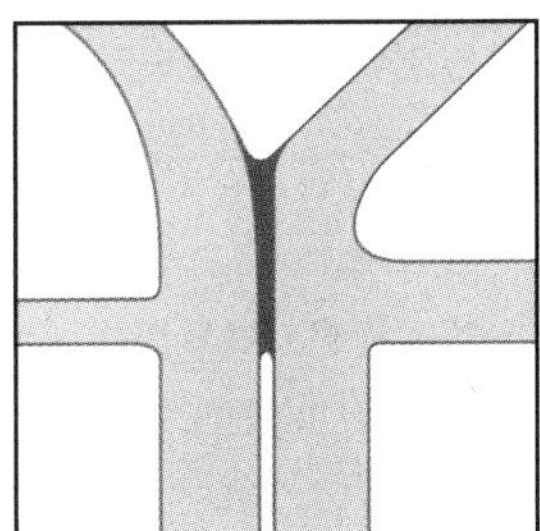

复杂交叉路口分析

下面是一个复杂交叉路口案例的设计过程，详细介绍了如何去理解交叉路口的现有功能、分析车流通行状况、发现设计潜力以及创造出一个新的设计。推动这一过程的是以下几个方面：潜在的土地使用需求、社区满意度，以及使用的解决方案。

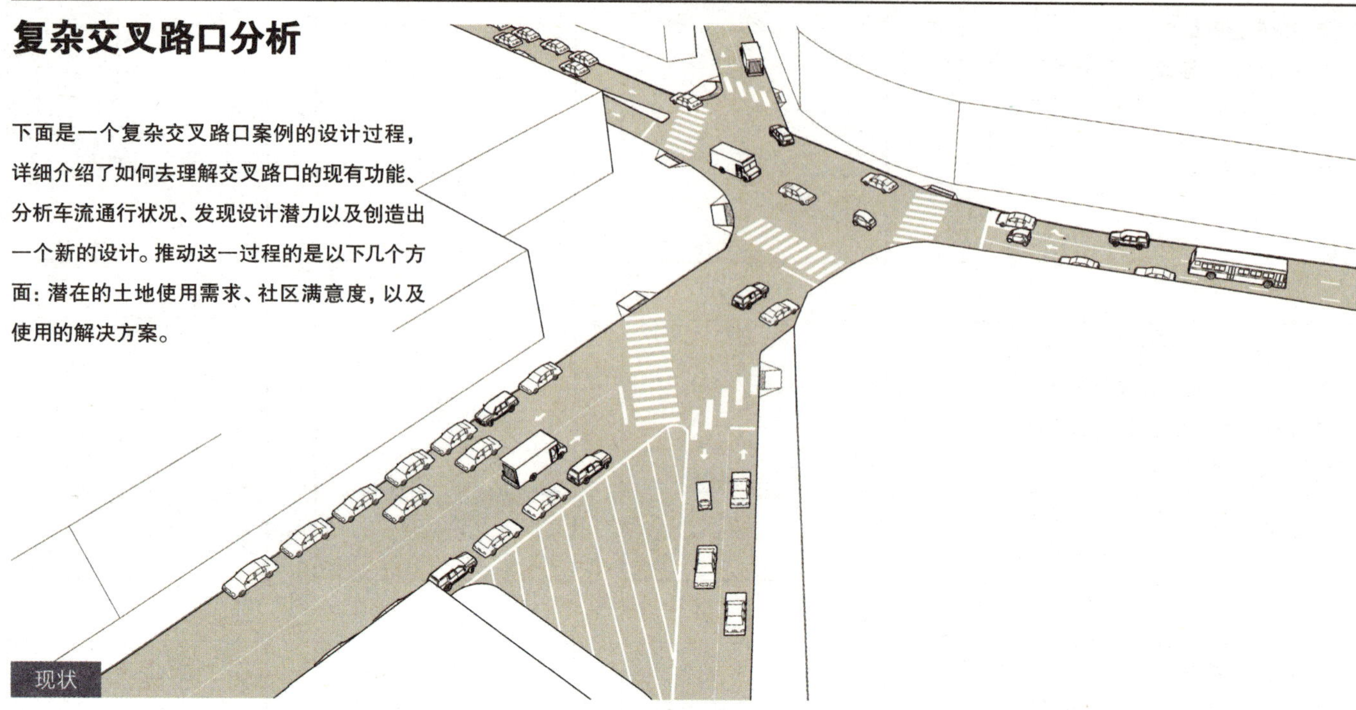

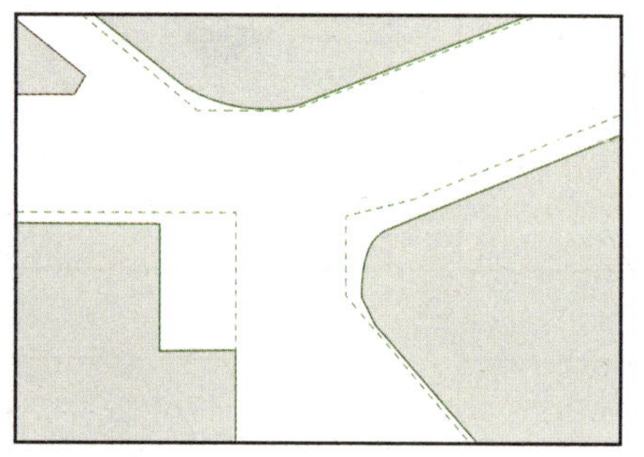

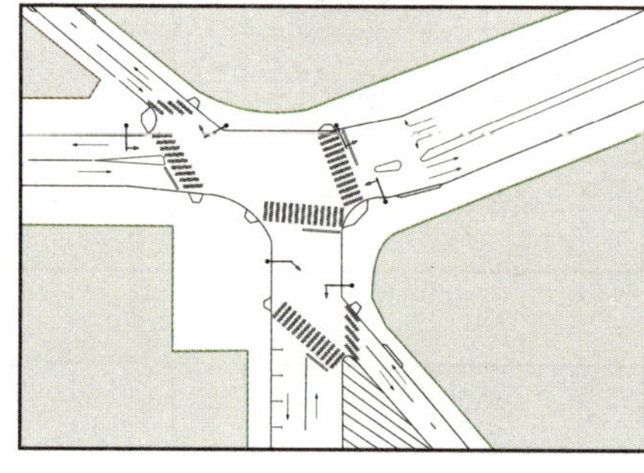

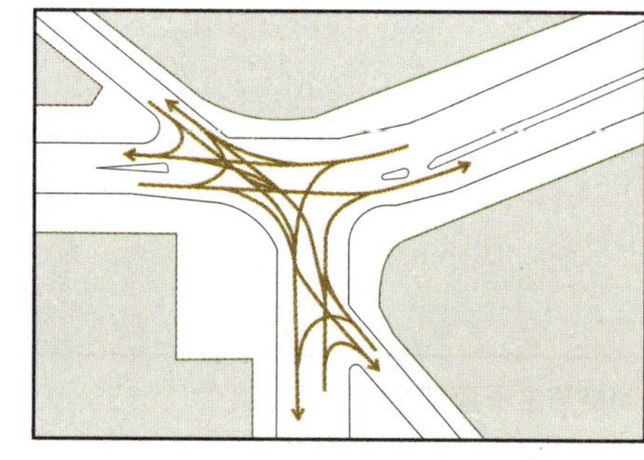

环境

要理解交叉路口的功能环境。分析交叉路口的城市设计质量，记录特殊的集会地点、地标、公交车站和其他的活动动因。邀请公众参与这个过程，以安全问题和社区的期望来推动最终设计。记述各种静态状况，例如：

- 土地用途；
- 建筑红线与建筑退线距离；
- 建筑物的占地面积、门廊和院子；
- 建筑入口、建筑外立面和视线通道；
- 桥梁、隧道和独特的构筑物；
- 公园、广场和公共空间；
- 公交车站；
- 地形、坡度和雨水径流。

几何形态、信号、标志和标记

调查交叉路口的动态状况，或人们在现有标志的基础上通过交叉路口的方式。这些元素包括：

- 路缘石；
- 路缘坡道和私人车道；
- 街具、植栽、树池、长椅和公交车候车亭；
- 街道中线；
- 车道标记，如车道数量、几何形态、行驶方向；
- 人行横道；
- 停止线或优先通行停车线；
- 交通信号；
- 路边停车区和路外停车区；
- 自行车基础设施。

车流量

绘制车流和转弯的行驶地图，以便理解驾驶员如何利用交叉路口。在地图上叠加交通流量数据，以表明每股车流的相对重要性，特别是要寻找转弯流量较小的位置。

这一过程不需要大量的数据和过长的耗时。交通代理机构通常会去评估交通流量和信号方面的数据。观察和认识当地规划环境和街道融入整体交通网络的方式，再把上述过程与观察和认识的结果进行匹配解读。

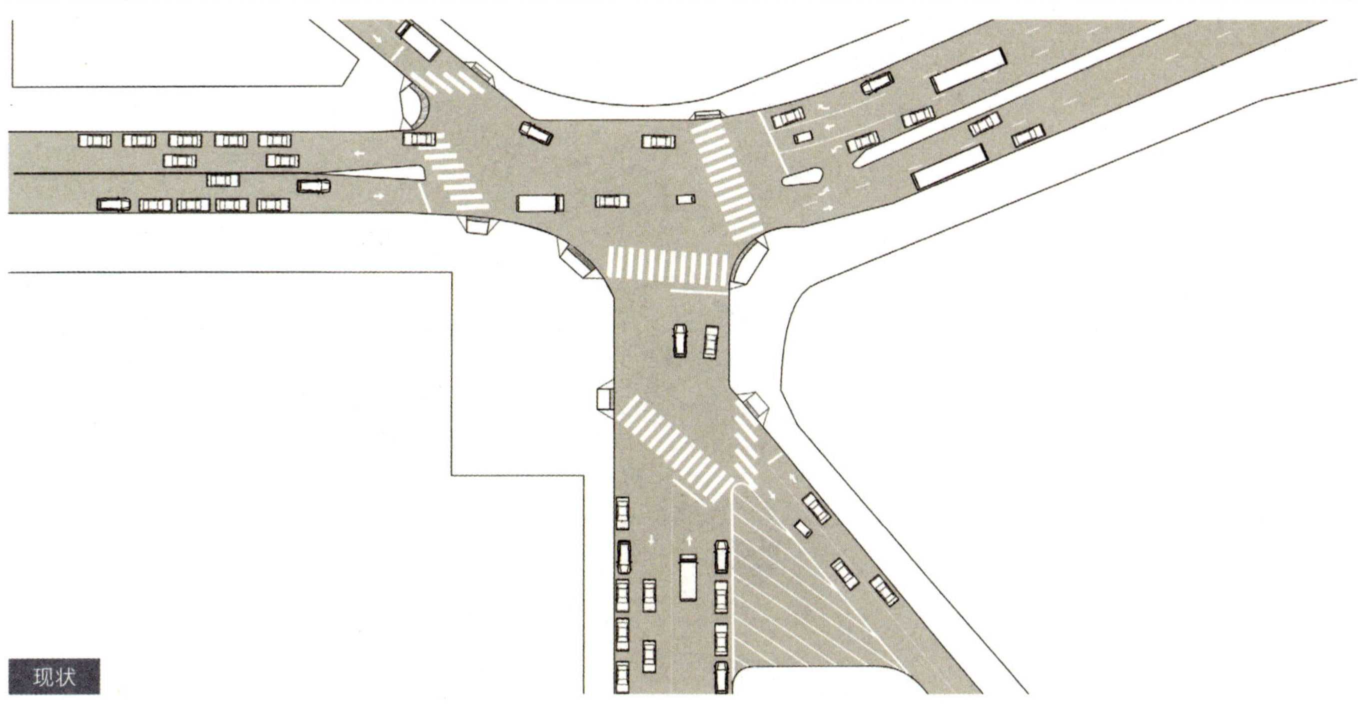

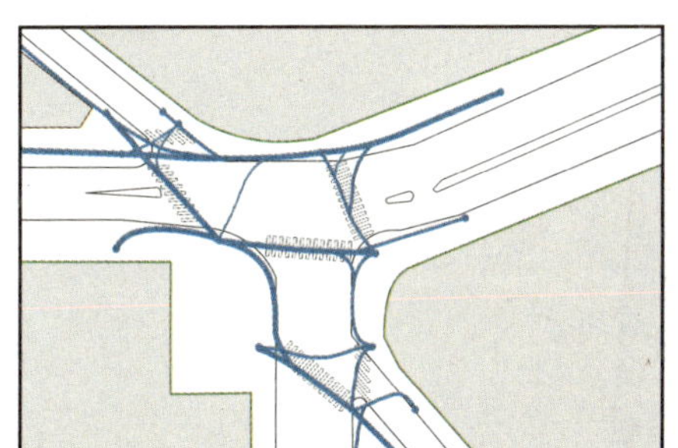

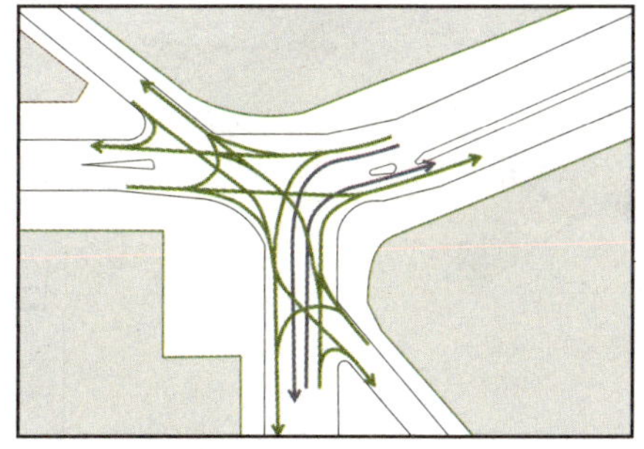

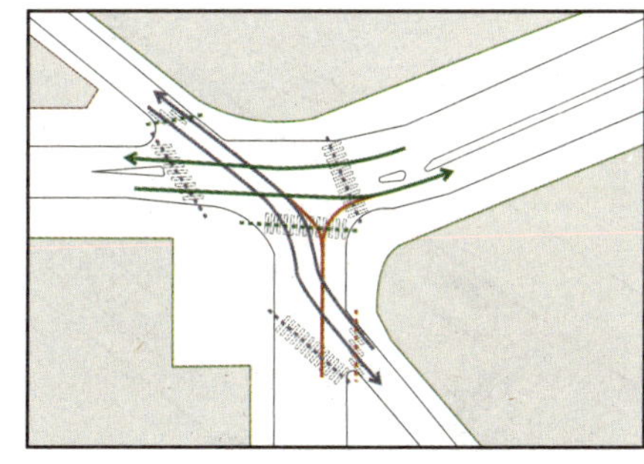

步行活动

记录行人如何把交叉路口作为公共空间来进行使用和激活。他们在哪里聚集、休息和交谈？他们参与了什么活动？哪些公共空间吸引人，哪些不吸引人？

叠加行人穿行交叉路口的实际行走路线和这些行人的流量。行人实际上是在哪里穿过街道？有多少人？按什么方向行走？在这个案例中，火车站位于此研究区域的东北角，并且吸引了大量步行人流。在城市中有持续性活动的地方，这一步通常需要15~30分钟的观察才能完成。

公交与自行车活动

把自行车骑行者的流量和通行路线作为已规划和现存自行车道网络的一部分进行评估。记录公交车间隔时间和流量，以及公交车站的布局和位置。

信号系统

在设置交通信号处，标绘出相位划分，以便显示交叉路口中各使用者的流动情况。从相应部门获取相位数据，如果没有可用的相位数据，可以用秒表测得大致的时序方案。无论行人与车辆的信号是固定的还是变化的都要进行记录。观察信号相位与交通流量的关系、人们遵守信号的情况以及交通信号何时会给驾驶员、自行车或行人优先通行权。注意在为特定交通模式或使用者通行提供更多的时间或保护性相位时所做的权衡。为车辆增加一个保护性的左转信号相位，会减少行人的穿行时间，然而是否会导致行人不按照行人信号指示过街呢？

改造设计

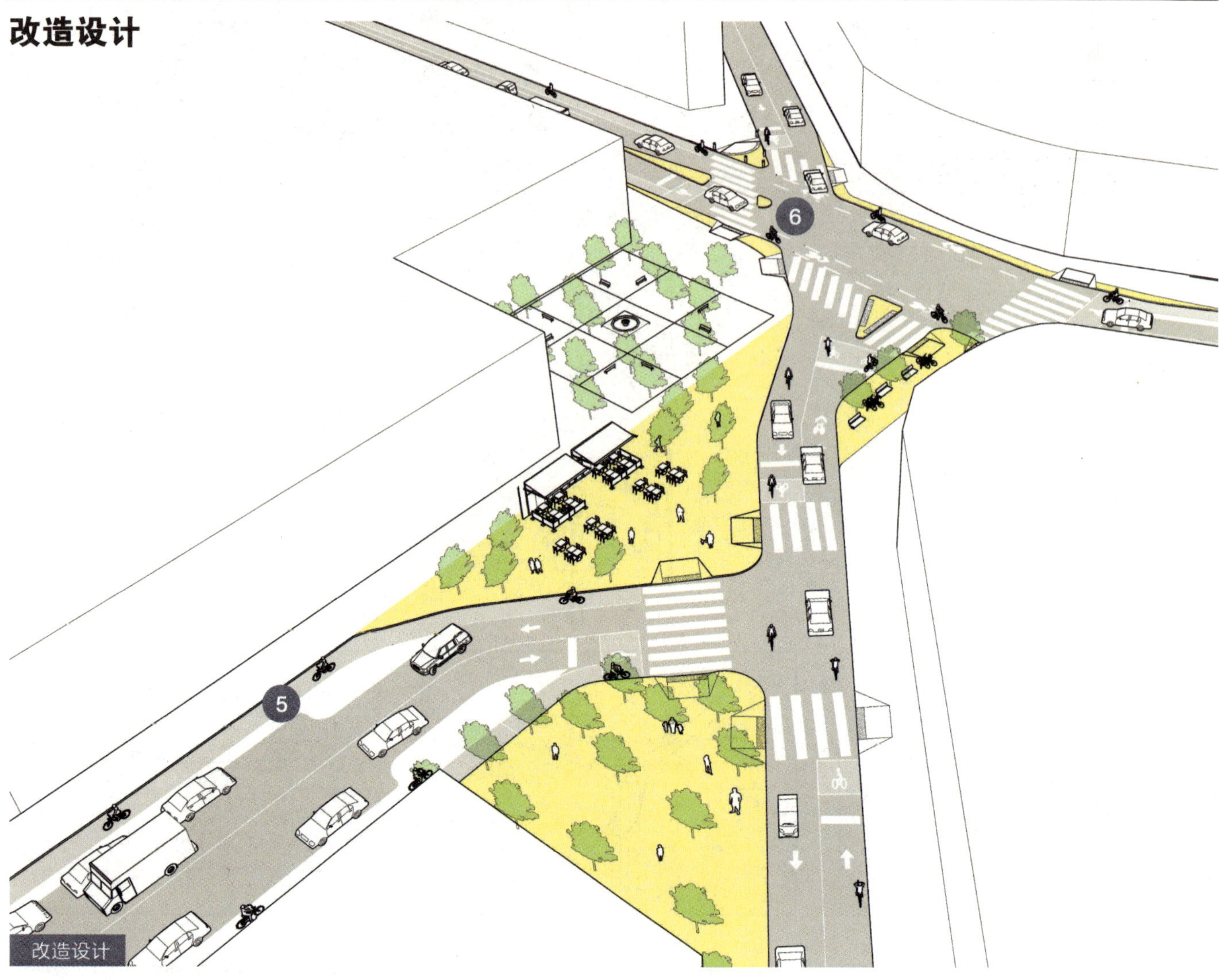

清晰度

1 分解复杂的交叉路口，使其变成多个简洁的路口。使街道转弯，以便街道尽可能以90° 角交汇。

保持通畅的视野通道，提升街道的可辨别性和方向识别性。

2 转弯车道以路缘扩展带和中央隔离带为中心线镜像设置。

3 交叉路口所有支路的停止线都应垂直于行车道，从而提升车辆和行人两方面的整体清晰度和可视度。

紧凑性

4 通过增加路缘扩展带和中央隔离带，使交叉路口的尺寸尽量减小。

利用隔离带、重新排列以及收紧路缘转角半径等措施，使车辆转弯速度尽量减慢。

多模式化

5 为自行车骑行者和行人重新分配空间。加宽狭窄的人行道，增加自行车道。

重新调整人行横道，满足行人的期望值。

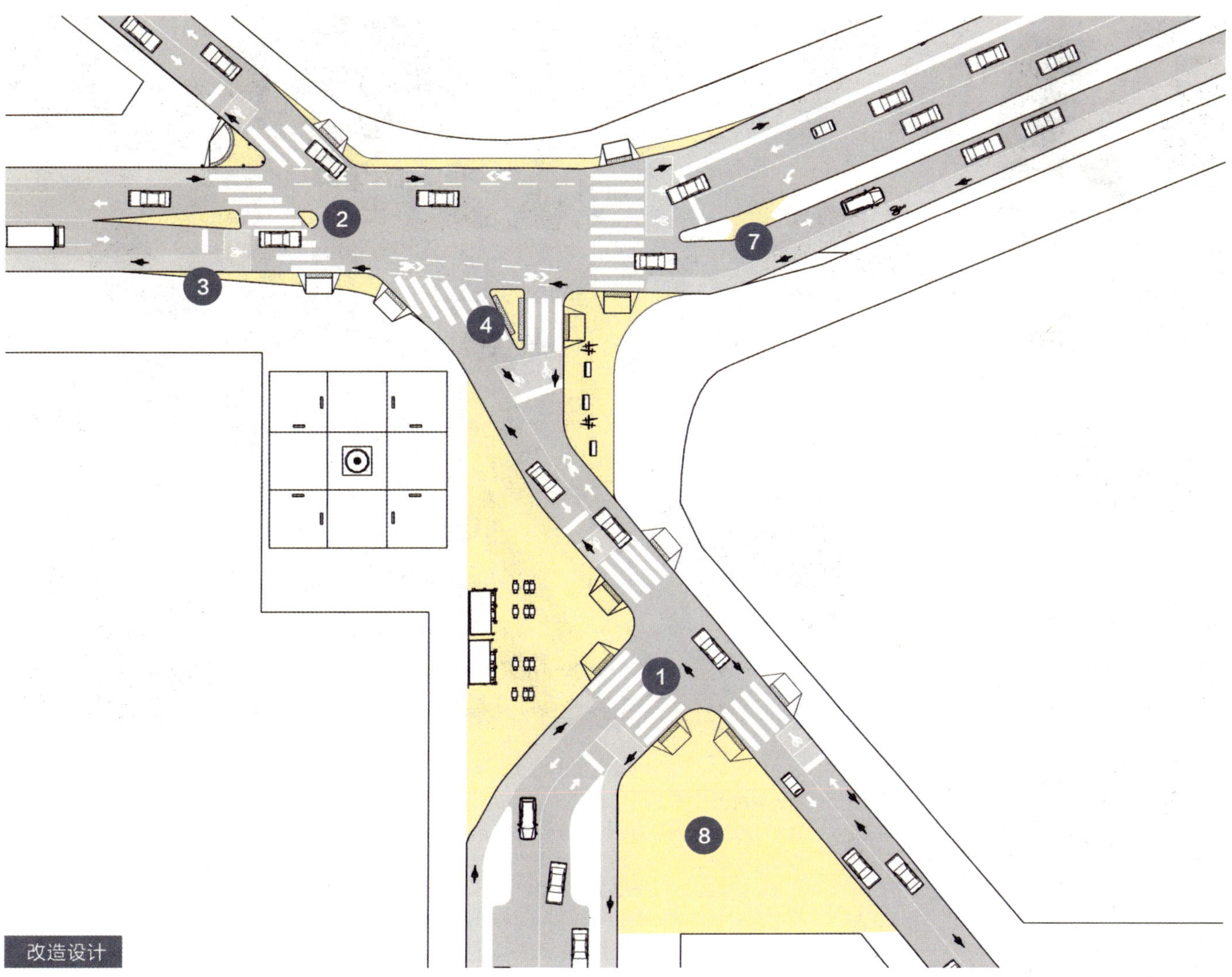

减少冲突

限制车辆在车流量很低的锐角交叉路口转弯。

6 在人行横道处设置中央隔离带作为提示。

合并通往小区的各条私家车道为多入口点。

7 封闭干扰交叉路口运行的隔离带缺口。

合适的尺寸

若交通流量数据表明街道的车容量过大，应减少沿线的车道数量，合并多余的转弯车道，清除左转专用道。为隔离带、自行车基础设施和人行道等重新分配空间。

公共空间

8 利用改造工程剩余的沥青建造一个公共广场。在整体改造全部完成和路缘重新定位之前，可使用低成本材料进行临时性改造。评估新配置方案的性能，并对设计进行必要的调整。

整体性地评估和设计公共领域，以便创造连续的步行领域。整合交叉路口设计元素与周围建筑和广场的关系。提升并充分利用改造区域内的现存公共空间。

纽约州纽约

联合广场作为曼哈顿百老汇通道沿线的一系列主要改造项目之一，于2010年开放，体现了纽约市交通局在复杂交叉路口改造方面的关键原则。作为改造的组成部分，多相位交通信号被简化，在没有划定或未充分利用的位置设置了步行广场，并增设自行车道和转弯车道以便更好地适应向南行驶的车辆。

交叉路口设计元素

交叉路口是街道设计的一个关键方面，是机动车、自行车和步行通行的汇集处。成功的交叉路口设计能解决所有人群的通行问题，保证通行安全，并能为提升公共领域品质创造条件。这一章探讨交叉路口的设计和运行策略，包括从信号时序到人行横道等内容，并将探究关系到城市在安全性、流动性以及更加富有活力、便捷易达的公共空间等方面的目标。

人行横道和十字路口

安全且高效的人行横道使城市环境更加适合步行交通。人行横道应设置于预期有步行交通且适于步行的地方。单独设置人行横道标志未必在任何情况下都是可行的安全措施，但人行横道的确给行人提供方便并给予行进引导，同时强调了行人在交叉路口的通行权。

行人对行走路线的微小变化尤为敏感，如路面标高和几何形态变化、是否绕远以及人行道的材料与街道照明的质量等。人行横道的设计在引导人们走向安全的步行路线的同时，还具有塑造人们的步行行为、响应行人的步行需求的潜力。

人行横道

讨论

随着车速和车流量的增加，行人期望的保护级别也在增加。在车速和车流量都很高的地方，行人期望在有规律的间隔处穿行车道，有信号控制的过街人行横道可以保证步行环境的安全性。在预期的行人流量比较低或忽高忽低的地方，或者在车流量低且行人穿行距离短的地方，设计师可以考虑使用无交通信号控制的过街通行措施，如隔离带、混合信号灯或快速闪动信号灯以及路面抬升的人行横道等。

如果街道车流量较低（平均日交通量小于3000辆）、车速较低[小于20英里/小时（30.2千米/小时）]且车道较少（1~2条），交叉口不一定需要设置人行横道标识。在学校、公园、广场、老年中心、公交车站、医院、校园和主要公共建筑附近，无论交通状况如何，设置人行横道标识都是有益的。

如果街道车流量较大（平均日交通量大于3000辆）、车速较高[大于20英里/小时（30.2千米/小时）]且车道较多（两条以上），交叉路口处应按规范设置人行横道。

设计师应该考虑到现有和预测的人行穿行需求。频繁的人行横道会加强街道的可步行性，并有可能刺激出更大的需求。在有信号控制或有停车管制时不容许设置人行横道，但又存在或预期存在这种需求的地方，设计师应继续通过其他手段达成行人步行环境安全而舒适的目标，如驱动过街信号或强化过街措施等。

判断是否设置人行横道应基于多方面因素，包括土地用途、当前和未来需求、行人配合度、车速、安全性以及历年车祸情况等。仅参考车流量一项指标不足以决定是否应该使用特定设备。

华盛顿州雷德蒙德

一条人行横道存在与否，就其本身而言并不足以使街道变得安全。基于人行横道周围的环境、车速和整体路面宽度，人行横道通常需要增设额外的安全设施，如行人安全岛、交通信号灯或交通稳静化设施。

尽管行人通常有权利穿行任何交叉路口，不论是否有人行横道，但设计师应该认识到：人行横道是穿行街道的唯一合法区域，这是一种误解。人行横道应既作为行人行进引导，也作为联系交叉口与驾驶员的手段。

通过去除无控制且未做标记的人行横道来遏制步行过街的做法，并不是一种有效的安全措施。相反地，这会诱导不安全的冒险行为，并会破坏城市的步行氛围。应致力于提升或重视任何可行且符合人们期望的过街设施。混合信号灯、快速闪动信号灯、路面抬升的人行横道、隔离带以及其他安全对策等，可能都比全信号装置更实用且更廉价。在去除一条无控制且未做标记的人行横道前，首先应考虑到所有这些对策。

关键点

有信号控制交叉路口的所有分支都应该有带施划标志的人行横道，除非路面或其中部分路段禁止行人进入，或者每个街角既没有实际存在的步行入口，也没有提供入口的可能性。行人不太可能遵守三段式过街规则，结果就会使自己陷入危险的境地。

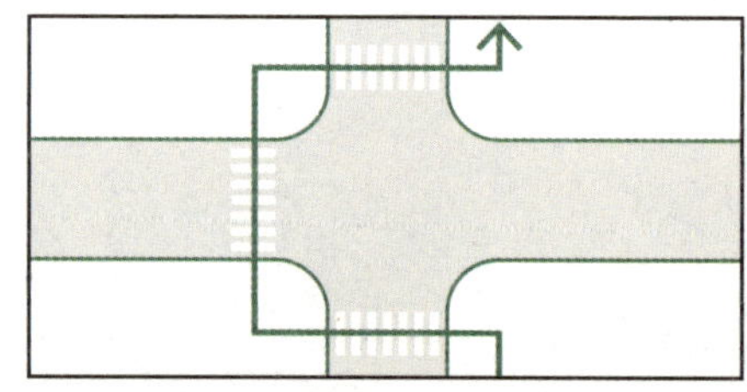

在交叉口连续穿行三条街道会使行人望而生畏，所以他们通常都不会遵守这一规则。

除非同时配有物理屏障和关于行人在何处穿行街道的有用信息提示，否则不应使用“禁止行人”的标志。

加利福尼亚州旧金山

密苏里州圣路易斯

佛罗里达州奥兰多

行人倒计时信号可创造更具预测性的穿行环境，并给试图穿越街道的行人以足够的警示。所有新设人行横道信号都应含有行人倒计时信号。

人行横道应该保持同一路面标高，跨越限制进入的公路时例外。人行过街天桥或地下通道可能会引发犯罪方面的安全隐患，并且人们为了直接穿行（好像更不安全）而常常回避这样的过街方式。

行人的违规行为随着绕行距离和交通延迟时间的增加而增加。在有信号控制的人行横道上延迟超过40秒，以及在无信号控制或有避让限制的人行道上延迟超过20秒，都会引发冒险过街行为。倒计时信号和较短的循环周期都有助于提升行人的配合度，而且可与其他策略搭配实施。

建议

绘制步行网络和过街位置地图，以便理解人行横道如何与自行车、公交和其他车辆的通行网络相对应。行人与环境在精细划分层面上相互作用，并且对通向的目的地有频繁需求。

所有交叉路口都允许设置有信号控制的人行横道，只要确实符合现状和预期状况需要，且有专业判断依据，无论现状是否允许。这样的人行横道通常允许的最小间距为[200英尺（61米）]（或约等于一条较短的城市街区长度）。无信号控制的人行横道之间的间距还可以进一步缩小。

包括残疾人和老年人在内的行人都应该能够在一个信号周期内穿过交叉口，而不需要两个信号周期，除非一条街道被公交线路或其他目的地式隔离带划分开。

不建议设置渠化转弯的“待转车辆等候”岛，且应尽量避免。转弯车辆通常无法避让这些位置上的过街行人。

可供选择的建议

人行横道间距标准应根据步行交通网络、建成环境和观察到的交通需求线路决定。通常，一个人步行至人行横道、等候过街然后再重新开始行程，如果这一过程用时超过3分钟，那么这个行人就可能会选择沿一条更直接却不安全也不受保护的路线穿过街道。虽然这种行为很大程度上取决于机动车速度和流量，但从行人角度来理解过街行为却非常必要。

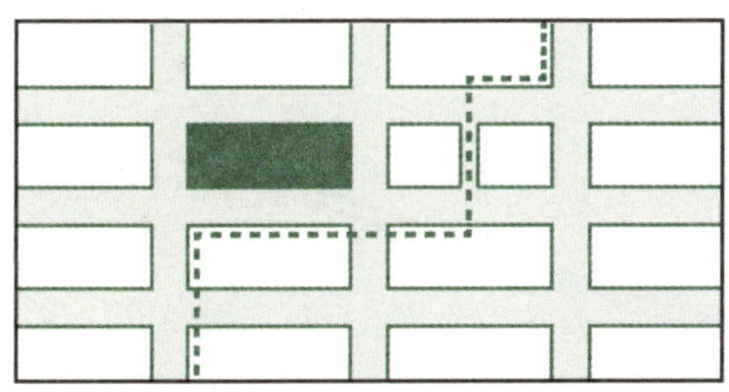

步行交通网络比较密集，包括频繁的道路中段期望路线和各种目的地。

常规人行横道

人行横道设计应尽可能使行人感到舒适并有安全感。在历史上，很多人行横道存在设计缺陷，如人行道施划宽度不够、建筑后退距离过小、偏离人行道以及过街距离过长等。

交叉路口的过街通道应尽可能保持紧凑，使行进中的行人直接处于驾驶员的视野范围内，促进视线交流。

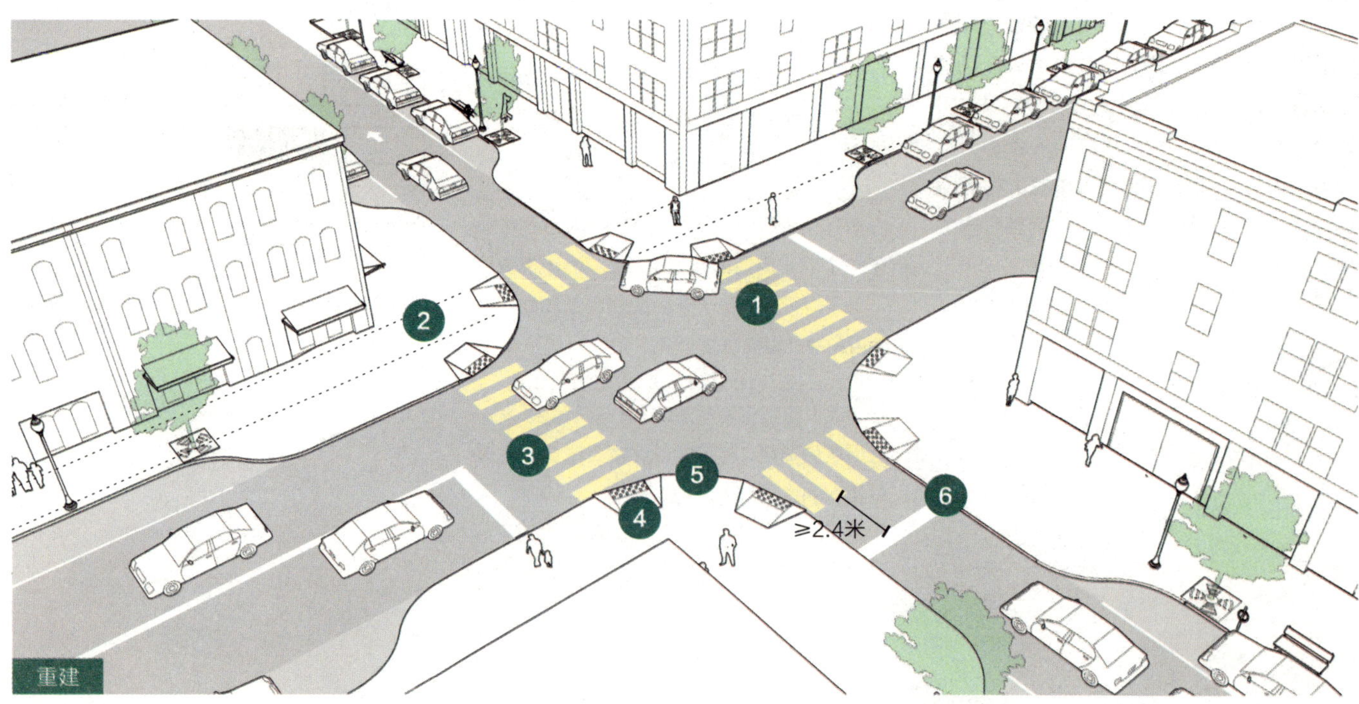

关键点

1 在所有受信号控制的人行横道上施划条纹线，以便强调转弯车辆在绿灯相位期间注意避让行人。大多数人车事故都是在转弯处造成的。

2 人行横道施划条纹线要比与其相连的人行道更宽或者相等，这样才能保证相向而行的两组行人在人行横道汇合时能够顺畅地通过。人行横道应尽可能与行人穿行方向保持在一条直线上。令人不便的错位会形成不友好的步行环境。

3 醒目的梯状线、斑纹线以及传统的人行横道标志等最好能够相互平行，或者形成虚线式的铺装标志。这些都更易被驶近车辆看见，而且已被证实具有提醒驾驶员注意避让的作用。

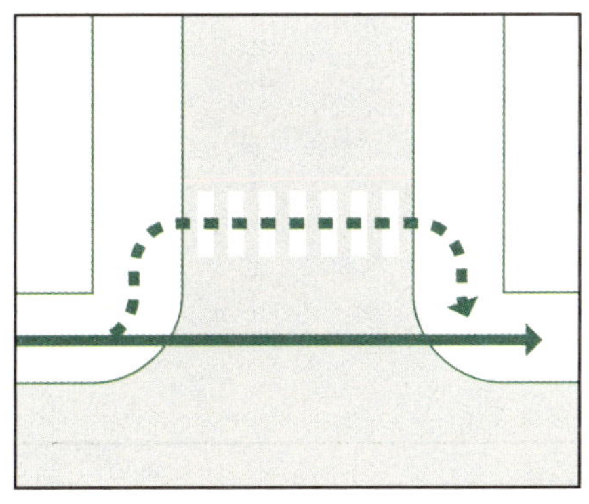

所有交叉路口都应设置街道照明设施，设置过程应谨慎考虑人行横道及其附近的照明情况。

4 根据《美国残疾人保护法》规定，所有人行横道都需要设置无障碍路缘坡道。

建议

5 采用紧凑的转弯半径、设置路缘扩展带和隔离带，来尽量缩短行人的过街穿行距离。可使用灵活的隔离柱和环氧砾石等，使临时性路缘扩展带与街边环境融为一体。

6 应在人行横道前至少8英尺（2.4米）处设置优先通行停止线，以便强调注意避让行人。如果自行车频繁地在人行横道处排队等候，或前置排队等候区对自行车交通有益，应在适当位置设置自行车等候区，或增设优先通行停止线。

停止线应与行车道方向垂直，不必与邻近街道或人行横道平行。

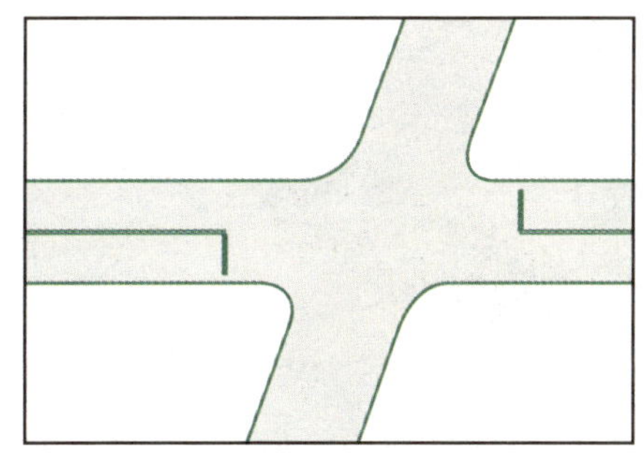

以下建议可供选择

红灯右转限制可应用于全市街区，或者应用于人车冲突频繁的特殊城市区域。红灯右转限制可减少行人与车辆之间发生的冲突。

街道中部的人行横道

街道中部的人行横道便于人们过街到达特定地点，这些地点都是人们想去但现有交通网络未提供路线的目的地。这样的步行通道通常位于学校、公园、博物馆、滨水区或其他目的地附近，历来都被忽略或难以到达，给行人和车辆通行带来不安全和不可预测的状况。设计师在评估是否允许街道中部穿行时，应研究现状步行流量和预测步行流量两个方面因素，以便考虑此处穿行的潜在需求。

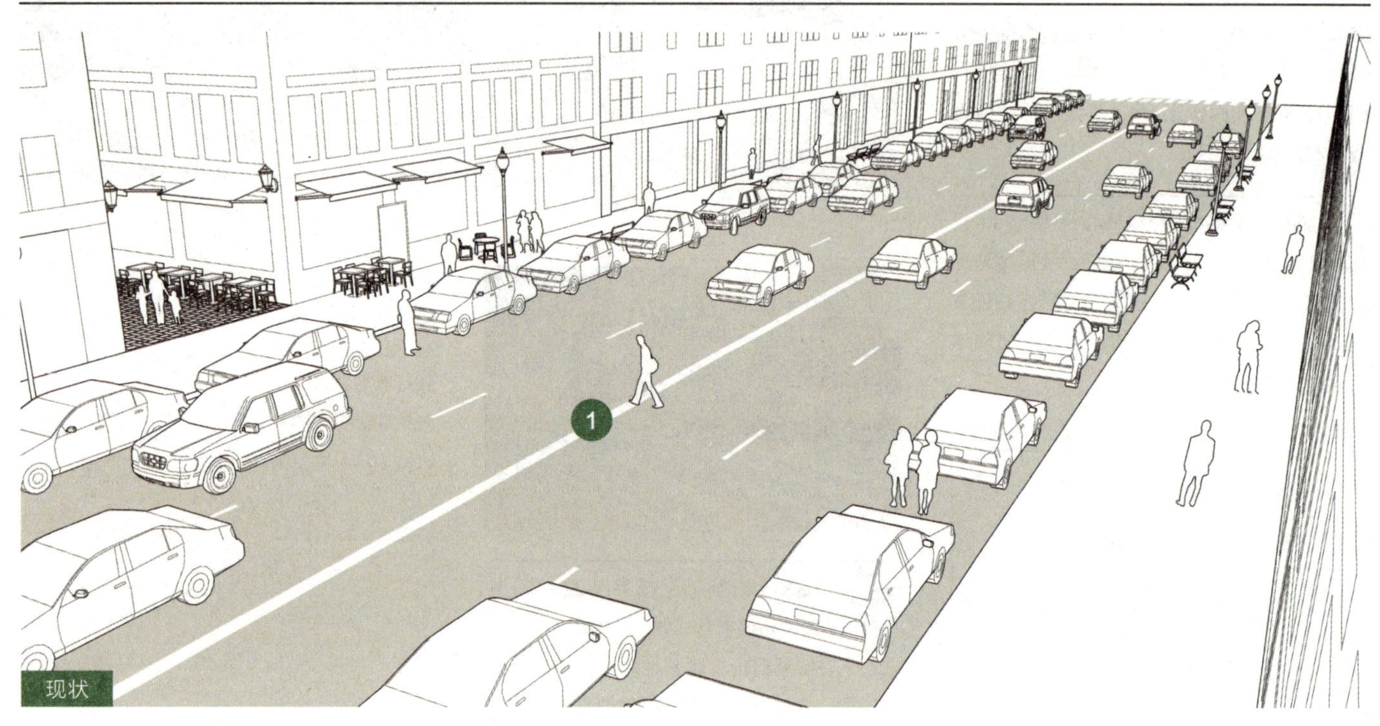

现状

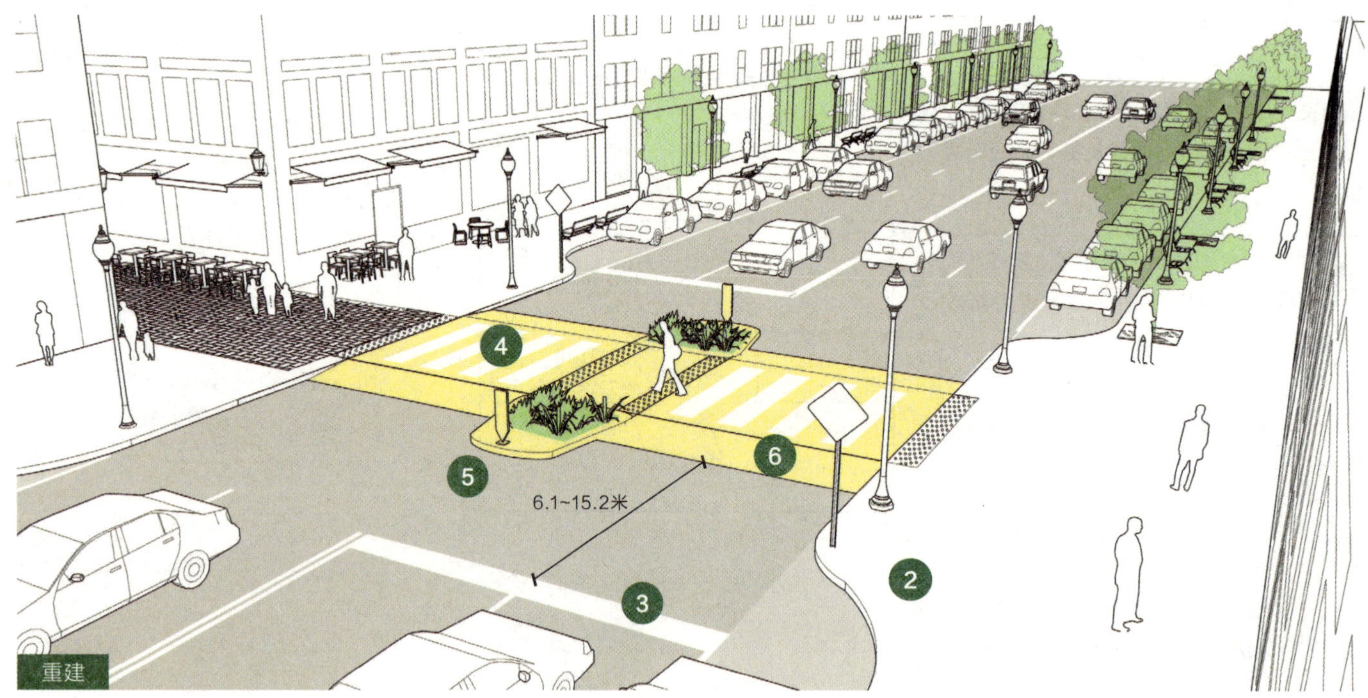

重建

建议

1 要在有明显步行期望路线处设置街道中部人行横道。这些地方包括：街道中部的公交站、地铁站、公园、广场、建筑入口以及街道中部的通道等。

垂直元素如行道树、景观绿化以及高架标志牌等，都有助于让驾驶员识别人行横道和安全岛。

2 人行横道前光照充足可以使驾驶员更容易看到行人，同时也使行人更容易看清来往车辆。这一点可以通过限制车辆停靠或设置路缘扩展带来实现。

3 街道中部人行横道旁的停止线应后退20~50英尺（6.1~15.2米），这样能确保第一位驾驶员在停止线前停车时，第二位驾驶员还可以看到正在穿行的行人。

4 人行横道都要进行标线施划，否则驾驶员可能看不到人行横道。

5 隔离带或安全岛为行人创造了二次穿行的过街方式，这样做更方便也更安全。

6 在一些关键入口处，如公园、学校、滨水区以及当地街道的交叉口处，抬升人行横道路面提升了可见度，增加了避让行为，并能创造出安全的步行过街环境。

如果公交站附近有无信号控制的人行横道，则应增设强化的穿行设施或驱动信号。公交站应设于合适的位置，使行人能从公交车辆的尾部穿过。远端式公交车站的布局形式优于近端式或街道中部的布局形式，并能提升行人在公交车辆尾部穿行时的可见度。

加利福尼亚州洛杉矶

以下建议可供选择

可以使用行人跟踪调查来记录行人穿越街道、复杂交叉路口或广场的位置和方式。这些信息对于确定人行横道和安全岛的位置、改造设计交叉路口，以及理解街道与周围建筑和公共空间之间的相互作用等都非常的有用。

在林荫路交叉口、街道中部位置或无信号控制的交叉口等处，穿行人流量不大，也没必要设置交通信号和停止线，可考虑设置步行驱动信号（半信号控制）、混合信号或快闪信号等。固定的信号周期或被动检测模式优于按钮式检测模式。

无信号控制的人行横道可以设在与行人需求不一致的位置，或行人通道与小型或中型道路的中部相接处。

应利用一些措施对无信号控制的人行横道予以强调，这些措施包括：增设警告标志，设置醒目的信号灯和标志、驱动信号（在合适的地方），以及诸如路面抬升的人行横道和街道中部的路缘扩展带等交通稳静化设施。

在车流量低的城市中心商业区或居住区中，如果街道中部的行人穿行频繁，设计师可考虑采用共用街道措施。共用街道作为共享空间可不设置标志或设置少量的标志，以便强调街道作为共享空间的规定。

行人安全岛

行人安全岛能减少行人在交叉路口处暴露在车流中的时间。行人安全岛既可设在宽街道上也可设在窄街道上，但通常设置于车速和车流量对行人过街造成阻碍的位置，或设置在车道数量超过3条，使得行人感觉在交叉路口长时间暴露于车流的地方。

伊利诺伊州芝加哥

双车道

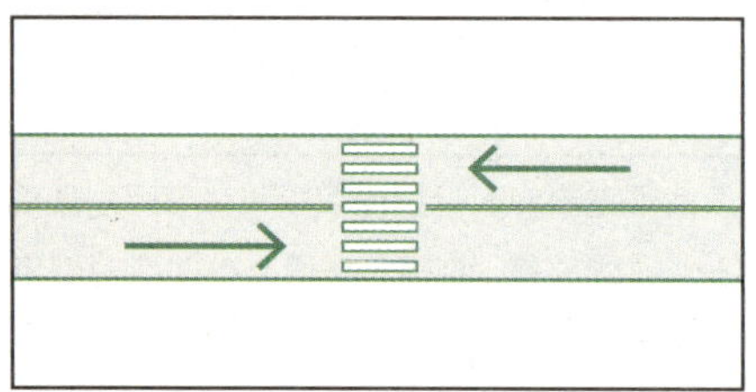

三车道

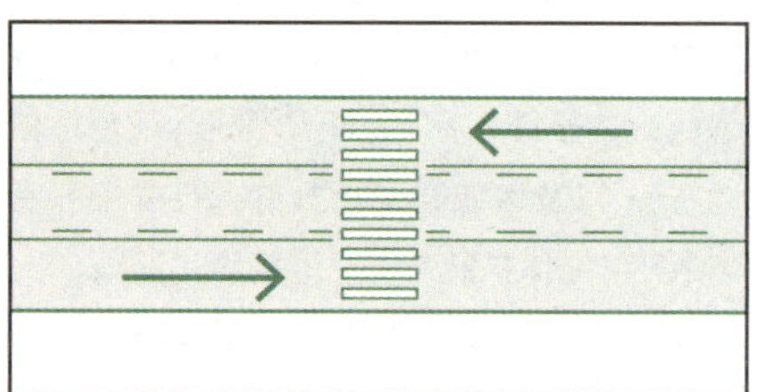

四车道

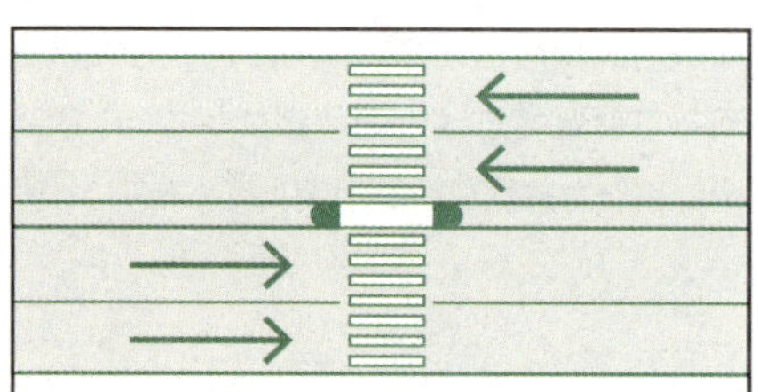

随着行车道数量的增加，行人进入交叉路口后感觉暴露在车流中的时间也会加长，也更不安全。对于无信号控制的交叉路口，车速过快或流量过大都需要在较窄的穿行部分设置隔离带。

讨论

行人安全岛缩短了行人在交叉路口处暴露在车流中的时间。如果行人必须一次穿过同方向3条车道（单向道或双向道），建议设置行人安全岛，另外，如果空间允许，可在穿行距离较短的部分设置安全岛。

关键点

行人安全岛宽度应至少为6英尺（1.8米），但宽度为8~10英尺（2.4~3米）更佳。若没有空间容纳6英尺（1.8米）宽的安全岛，可设置一个更窄的、路面抬升的安全岛。能起到保护作用的最小宽度为6英尺（1.8米），这正好能容纳一辆自行车或一个行人推着婴儿车需要的大小。其理想长度为40英尺（12.2米）。

安全岛的缺口或斜坡宽度应等于人行横道的宽度。如果达不到相等的宽度，则人行横道标线施划宽度应超过缺口区域。

建议

交叉口处所有的隔离带都应有一个像鼻子一样的凸出部分，这个凸出部分越过人行横道向前延伸，能保护在安全岛等候的行人，减慢车辆转弯速度。

安全岛应包括路缘石、隔离柱等其他设施，以便保护等候过街的行人。

隔离带最好在人行横道处断开。当隔离带宽度超过17英尺（5.2米）时，设置斜坡更合适。这一尺寸是基于6英寸（15.2厘米）的路缘高度、两个1∶12的坡道，以及一段5英尺（1.5米）宽的中心平坦区域。

以下建议可供选择

行人安全岛可以用植物或行道树来强化。植物可能需要进行额外的后续维护，并且需要持续修剪以保证行人视线通畅。

弗吉尼亚州水晶城

隔离带上的鼻子式凸出部分，可保护行人不受转弯车辆伤害。

街角半径

街角半径直接影响车辆的转弯速度和行人的穿行距离。为了形成紧凑的交叉路口进而使车辆降至安全的转弯速度，尽量缩小街角半径至关重要。虽然标准的路缘半径为10~15英尺（3~4.6米），但很多城市采用小至2英尺（0.6米）的街角半径。在城市环境中，较小的街角转弯半径是首选，实际半径超过15英尺（4.6米）的街角只是例外情况。

讨论

街角尺寸直接关系到人行横道的长度。较长的人行横道延长行人穿行时间，使行人暴露在车流中的风险增加，同时降低安全性。[1]

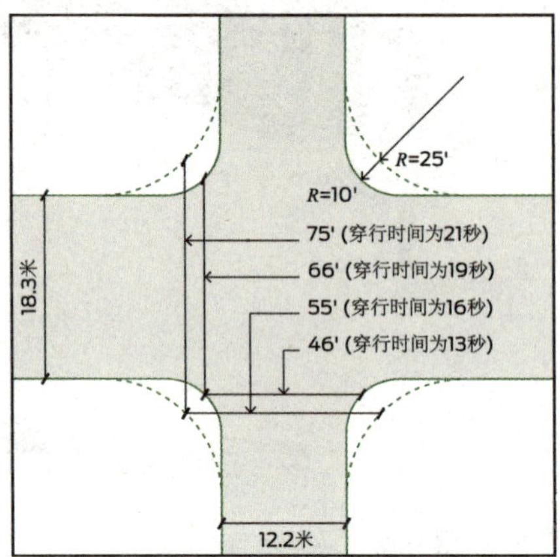

街角半径越小则步行区域越大，使得行人坡道与人行横道可以完美地衔接。

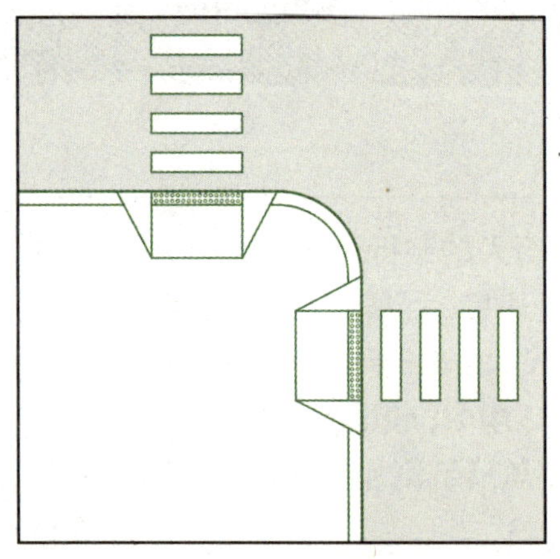

不应使用较大的街角半径，以免卡车快速地从一条右车道转到另一条右车道上。[2]

有效转弯半径

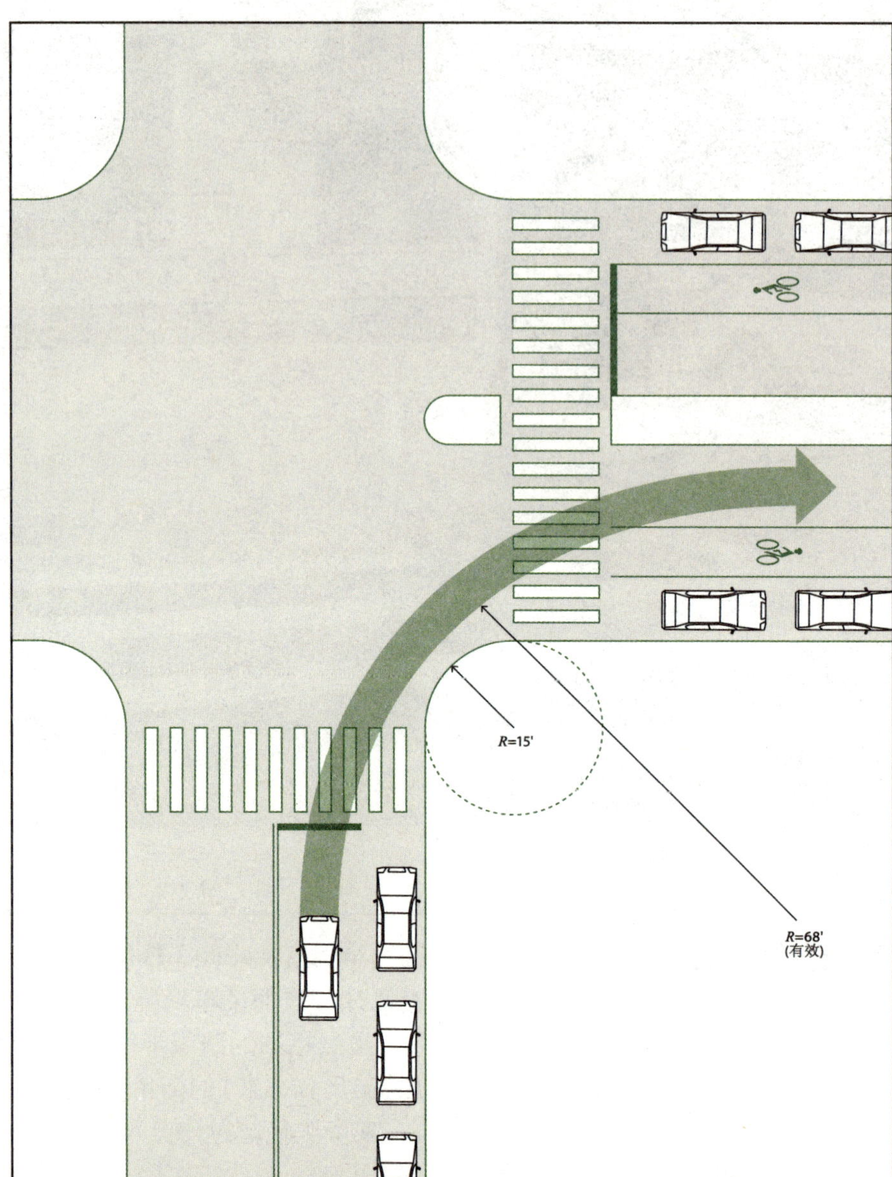

街角半径与有效转弯半径之间的区别非常重要，但时常被忽视。街角半径可能会是一条简单或复杂的曲线，主要取决于街边停车、自行车道、车道数量、隔离带和交通控制装置等情况。

设计师通常仅根据交叉路口的几何形态来决定街角半径，却忽略了有效转弯半径。结果，驾驶员在绿灯转弯时几乎没有动力转到最近的接收车道，而通常会下意识地尽可能增大转弯半径来保持车辆的行驶速度。

建议

转弯速度应该限制到15英里/小时（24.1千米）。街角是驾驶员最有可能与人行横道上的过街行人相遇的地方，所以尽量降低车辆转弯速度对于行人的安全来说至关重要。[3]

要在可能的情况下尽量减小有效转弯半径，可采用以下一种或多种方法：

- 选择可能的最小设计车型；
- 允许卡车和公交车在指定的卡车和公交车线路上行驶；
- 限制红灯时车辆右转弯，从而驾驶员不会期待转向最近的接收车道；
- 要求大型车辆需雇佣路面人员在现场定点指挥车辆通过有安全隐患的弯道；[4]
- 通过设计，使紧急车辆转弯时可以利用整个交叉路口空间。

以下建议可供选择

如果某个特定交叉路口的路缘半径已经造成使用不便，或产生不安全的穿行距离，但现有资金又不足以立刻改造路缘，那么城市可使用临时性材料来划定合适的路缘半径，这样的临时性材料有环氧砾石、盆栽和隔离柱等。这应该是有充足资金支持永久性改造之前的一种临时性做法。[5]

夏威夷州檀香山

这个景观岛减小了街角半径和有效转弯半径，同时保留了现有排水功能，并为行人提供了一个通行通道。

可采取各种不同方法来避免对交叉口进行不必要的拓宽改造，这些方法既可容纳大型车辆，同时也限制小型车辆的转弯速度。

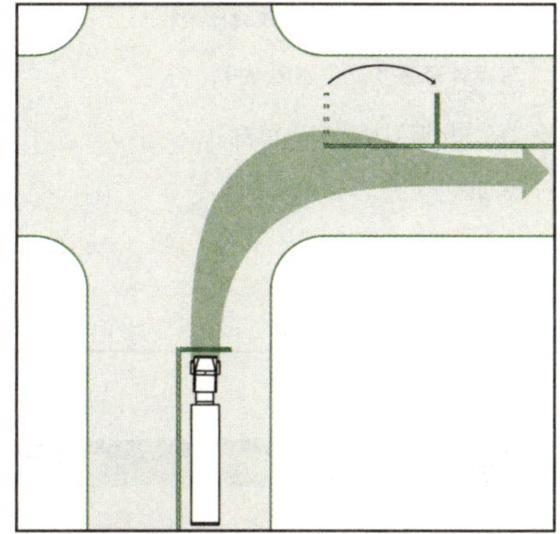

停止线退后

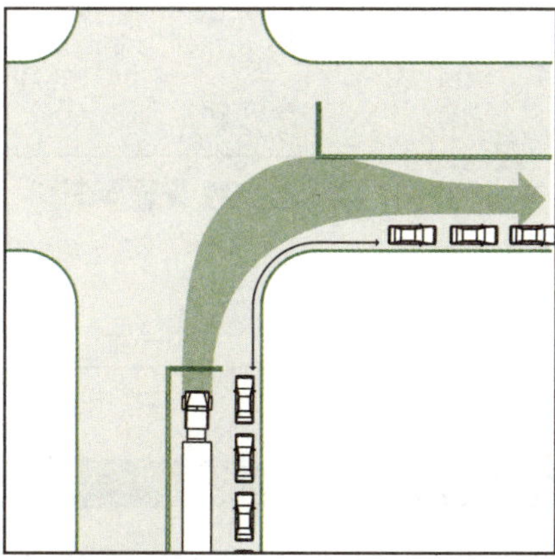

转角处限制车辆停靠

包含街边车行道的狭窄街道可能需要较大的街角半径，因为此时的有效转弯半径与实际转弯半径相等。有路缘扩展带的街道也属于这种情况。如果整条街道预期某一时刻可能会全部用于车辆交通，街角半径则不应设计得过大。

转弯速度

转弯半径的计算公式为：

$$R = \frac{V^2}{15 \times (0.01 \times E + F)}$$

R：车道中线转弯半径（有效转弯半径）；

V：车辆转弯速度（英里/小时）；

E：超高距，城市环境中设定为0；

F：侧向摩擦系数。

转弯速度与半径参考表[6]

V（英里/小时）	E	F	R(英尺)
10	0	0.38	18
15	0	0.32	47
20	0	0.27	99
25	0	0.22	174

来源：美国国家公路和运输官员协会（AASHTO）：《公路与城市道路几何设计政策》。华盛顿哥伦比亚特区：2011年，公式3-8。

可见度和视距

就交叉路口、私人车道等其他潜在冲突点的内在安全性来说，可见度和视距是非常重要的两个方面。交叉路口设计应促进街道使用者之间的视线交流，确保驾驶员、自行车骑行者和公交车辆把交叉路口视为公共空间。可以通过一系列不同的设计策略提升街道空间的可见度，包括：交叉路口充足的光线、低速交叉路口的设计方法，以及增设交通管控措施，如移除那些阻碍符合标准的驶入、驶离和垂直视距的行道树或街道设施。交叉路口的视线标准应根据目标速度而不是85%位速度来确定。这样做可以避免建筑后退较大，避免设计形式使车速提升，危及行人安全。

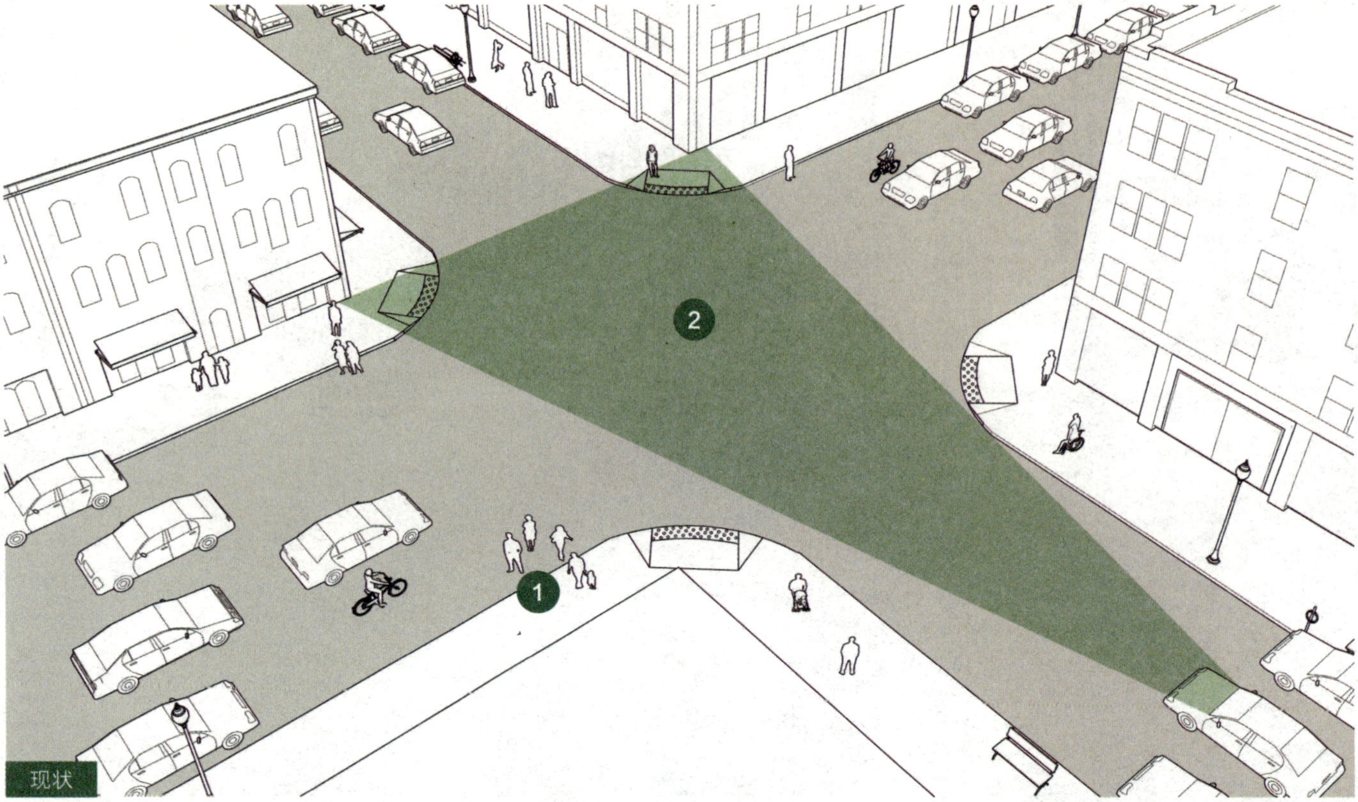

现状

视距不够充足的城市交叉路口要降低车速。低速会形成较小的视线三角范围，意味着驾驶员的注意力能够集中在较少的活动上，并能对潜在冲突做出准确反应。

讨论

可见度受道路的设计速度和运行速度影响。根据现状限速或85%位速度确定视距并不足以应对所有情况。设计师需要有意识地降低冲突点附近的车速，以确保驾驶员视野良好，且可预测车辆行驶情况，而不是扩大交叉路口的空间或移除阻碍视线的障碍物。

驾驶员在停车和临近路口时所需的视距三角范围内，通常要确保没有任何限制措施的交叉路口的安全性。这种状况在城市环境中很少出现，并且只会出现在低车速、低车流量的汇合点。在无控制且车流量和车速存在安全隐患的位置，要在接近交叉口处增设交通管制或交通稳静化设施。[1]

加利福尼亚州旧金山

这种无控制的交叉路口尽管车速很慢，但其交通状况仍会因停车控制或交通稳静化措施而更加完善。

1 在城市区域中，街角常常作为行人和商业聚集的地方，同时也是公交车站、自行车停车处等其他设施设置的位置。交叉路口的设计应促进街道使用者之间的视线交流，而不是仅仅为车行交通创造清晰的视野。

2 视距三角形较大的宽街角处可能会形成良好的可见度，但反过来也可能会使车辆加速驶过交叉路口，而忽略掉周边视野情况。

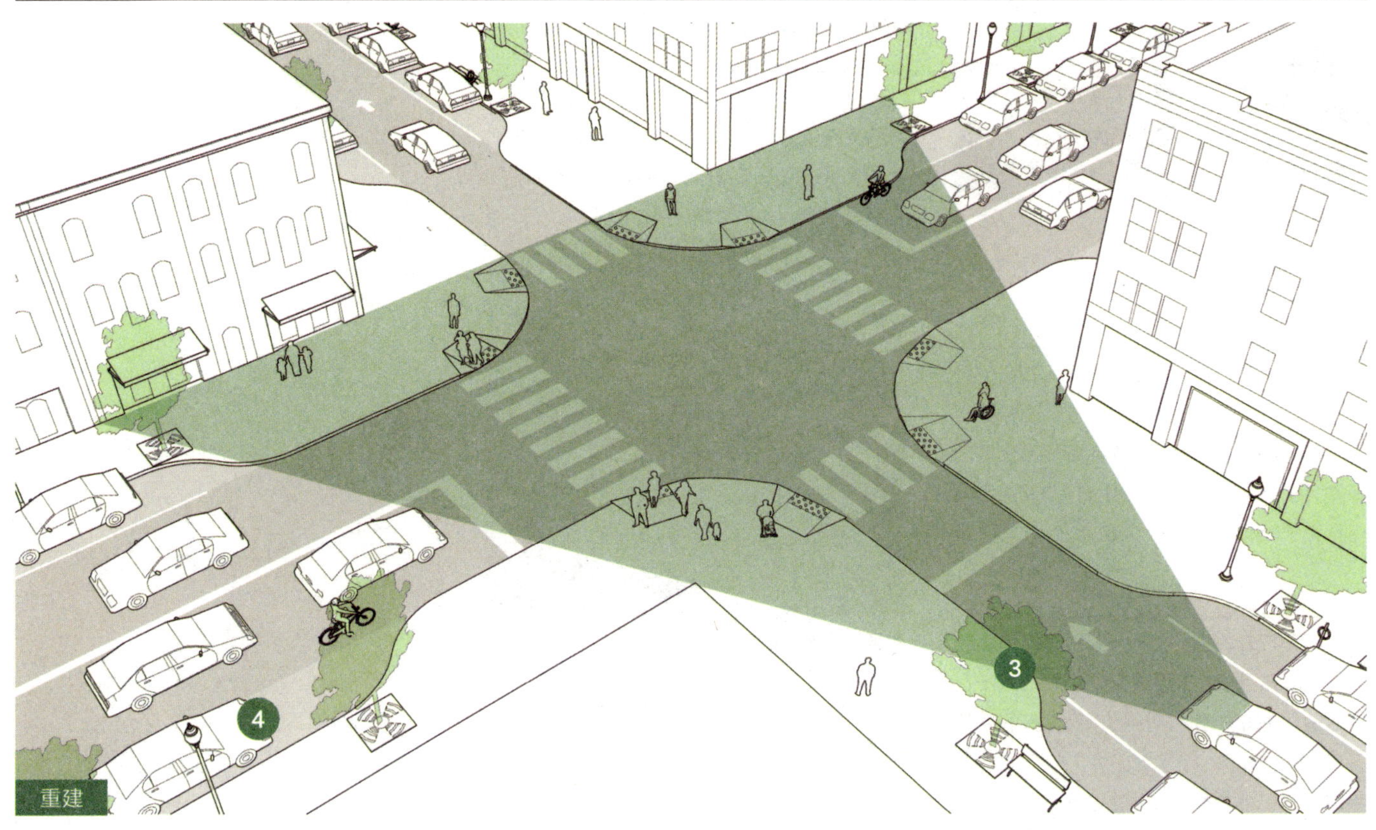

应该对视线不好的交叉路口进行改造，以便使交通更加紧凑。紧凑的交叉路口使驾驶员在视线范围内能看到更多的事物，为街道使用者应对潜在冲突提供更好的视野。

在某些情况下，道路或人行道上的物体可能被视为会对特定交叉口车辆造成视线阻碍，引发严重的安全隐患。从重大车祸风险和车祸历史来看，在这种情况下移除障碍物反倒是最糟糕的办法。很多事物，如建筑物、地势、历史街区中的古树以及其他永久性景观等，都应作为警告标志和其他措施予以强调，而不是移走。

关键点

在确定特定交叉路口的视距三角范围时，要利用这个交叉口的目标速度而不是设计速度。

3 固定物体，如行道树、建筑物、标志以及街具等，通常被视为降低了特定交叉口的可见度，且引发了安全问题，但不应在未采用替代性的安全缓解措施的情况下就被移走（替代性措施包括：降低车速、通过设置路缘扩展带和形态设计提升可见度，或增设补充性的警告标志等）。

交叉路口处的交通控制装置不能受到其他物体妨碍，并应避免受到树冠或其他视觉障碍遮挡。

建议

4 移除交叉路口20~25英尺（6.1~7.6米）范围以内的停车区，使交叉口光线充足。[2]

佐治亚州亚特兰大

行道树改善了公共领域环境，经常在不引发安全问题的情况下靠近交叉路口种植。

行道树的位置要距离交叉路口至少5英尺（1.5米），临近交叉路口一侧的行道树要与建筑转角对齐。行道树应与最近的停止标志保持大于5英尺（1.5米）的距离，与路缘尖端保持大于3英尺（0.9米）的距离。[3]

照明对于行人、自行车骑行者和驶近车辆的可见度非常重要。主要交叉路口和行人安全岛应设置充足的人行道照明，确保良好的可见度。在夜晚，人行道上闪烁的灯光能提升路口的可见度，但应通过设置易维护的反光标志做进一步强化。[4]

密苏里州圣路易

人行道照明设施照亮了人行道和邻近的店面。

以下建议可供选择

在特定交叉路口增设额外的标志可以增加街道的可见度，但不应取代能提升可见度的几何设计策略。

科罗拉多州博尔德

标识系统与路面抬升的人行横道相结合，提升了此处右转车道的可见度。

交通信号

街道在空间上的分配表现为横断面形式和几何形态，与此同等重要的是街道在时间上的分配，表现为交通信号系统。空间与时间应共同发挥作用，控制街道的运行方式，并使街道具有很好的流动性和安全性，同时创造出高质量的公共空间。调整信号时序是一个重要的手段，不仅是为了车流通行顺畅，也是为了给步行、骑行、公共交通以及商业发展提供一个安全的环境。

交通信号原则

交通控制系统运行应密切反映城市的政策目标和宗旨。交通信号直接影响交通运输系统的质量，所以对交通信号的管理至关重要。交通通道几何形态的改善可以为自行车和公交车划分出空间，创造多模式化的横断面，而信号时序则可影响道路交通延迟、通行者配合度、安全性以及模式选择。例如，若交通信号配时给予行人穿行街道的时间不够，就可能使行人产生不愉悦的体验，还可能使行人完全不敢通行。同样地，较长的延迟也可能会导致街道使用者违反交通信号的指示，或冒险进入不安全的交叉路口。

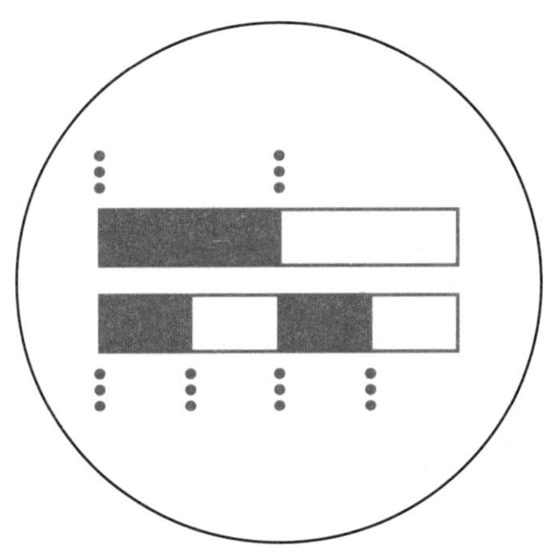

缩短信号周期以便提升通行量

在复杂的路网环境中，短信号周期能使延迟降到最低，从而减少各方向通行者的等候时间，创造频繁的穿行机会。要避免同时增设多个转弯车道和增加转弯相位的间隔时间。要择一而行，不可二者兼用。

优先考虑步行、自行车骑行和公交通行

使用信号优先手段，如行人领先间隔（同方向通行的交通用户，提前为行人开启绿灯——译者注）、自行车同步信号，或在既有并且令人满意的优先模式基础上沿线实施公交信号优先。

保持信号灯相位数量最小化

虽然通过信号灯相位分离交通流在安全上有显著优势，但多余的相位也会因延长了信号周期的总时长而增加所有通行者的等候时间。在危险的交叉路口要考虑设置转弯限制，或者在转弯车流量过大以至于需要转弯专用信号相位的地方，需引入保护性的左转弯信号灯相位。

根据预期交通速度进行信号配时

要使信号同步或低于目标速度，以便保持安全的车辆行驶速度，防止车辆加速，单向道尤为如此。

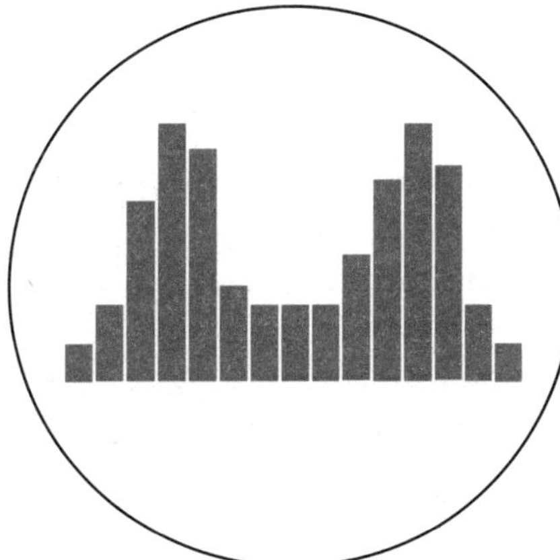

根据高峰和非高峰流量调整信号配时

信号配时要设法适应高峰和非高峰两个时段的流量。可调整信号配时，以应对一天中不同级别的交通流量。

使用固定时间信号取代驱动信号

在城市区域中更有利的是固定信号，而不是驱动信号。使用固定信号可增强城市环境下的交通可预测性，确保行人过街和穿行车流都有连续通行机会。

行人领先间隔

第1相位

使行人领先于同方向车流3~7秒的时间进入交叉路口。

第2相位

为直行和转弯车流显示绿灯，这样转弯车流就容易避让已经走在人行横道上的行人。

应用

行人领先间隔通常让行人在交叉口优先通行3~7秒，进入交叉口，此时相应的同向车流处于绿灯状态。设置行人领先间隔可提升交叉路口中行人的可见度，并强化相对于转弯车辆的行人先行权，在历年发生过事故的地段更应考虑这一原则。

在转弯车流量过大，且车流常与在信号周期允许的通行时段过街的行人发生冲突的交叉口，要实行行人领先间隔措施。这一措施通常应用在行人流量和转弯车流量都足够大的地方，使行人先一步出发。

益处与注意事项

行人领先间隔提升了过街行人的可见度，使其在交叉路口范围内拥有先行权。

已有证明显示，设置此项措施的交叉路口使人车事故发生率下降多达60%。[1]

行人领先间隔通常需要调整现有信号时序，这一措施相比于其他措施成本更低。

关键点

有些交叉路口的左转弯或右转弯车流量巨大，容易引发车辆与行人之间的连续冲突和安全隐患，行人领先间隔措施在这些地方显得至关重要。

建议

行人领先间隔应使行人至少先行3~7秒，视整体穿行距离而定。在人流量较大或穿行距离较长的地方，设置多达10秒的间隔时间可能更适合。

为强化行人领先间隔措施的作用，同时提升事故频发交叉路口的行人可见度，要在交叉路口处设置路缘扩展带。

以下建议可供选择

在直行自行车道与转弯车辆易发生冲突的地方，行人领先间隔要连同自行车领先间隔一起使用。自行车领先间隔可使骑行者迅速离开交叉路口，有助于避免发生右侧冲撞。

分离相位

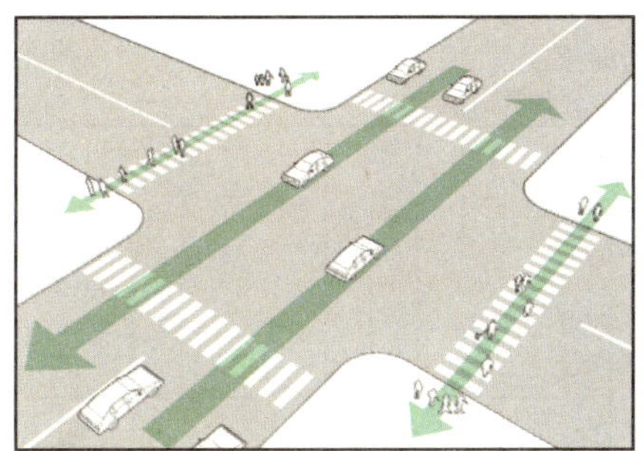

第1相位（5~10秒）

给予行人和直行车辆绿色信号。右转和左转车辆停留在交叉路口，从而有效地给予行人一段领先的时间间隔。

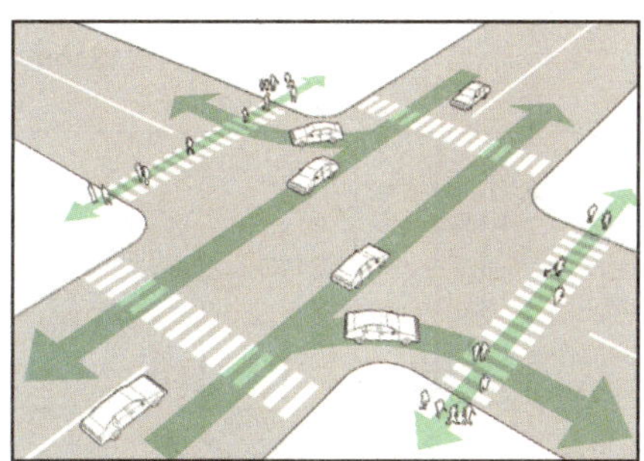

第2相位（20~40秒）

为右转车辆显示绿灯。转弯车辆避让已进入人行横道的过街行人。

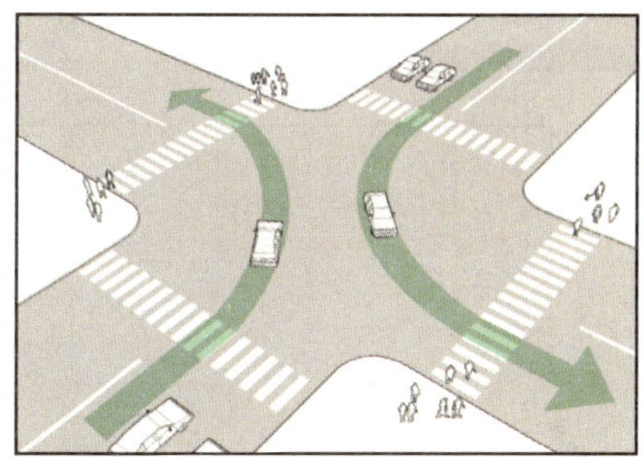

第3相位（5~10秒）

左转车辆滞后一个行人专用信号间隔出发。行人和直行车辆停留在交叉路口，防止发生对撞或不可预测的移动。

应用

分离相位信号的设计有多种变化和应用方式，但其普遍特点是分离相反方向的所有人流和车流，或分离特定方向的移动，如左转弯。

在城市环境中，分离相位通常用于缓解左转弯带来的冲突。分离相位能使左转弯车流与穿行人流完全分开，在不可预测的穿行交通中保障行人安全，并为车辆提供一个专用的左转相位。

分离相位常用于以下情况：

- 发生过左转车辆侧撞或对撞事故的交叉路口，这样的地方有可能是由于几何形态限制或左转弯与直行共用车道布局造成的；
- 行人可能因左转或右转的车流而感到交叉路口通行困难的位置，如公路中有坡度的路段；
- 因街角为钝角或锐角而对相向而行的车辆和行人造成严重安全隐患，但通过分离措施可以显著改善交通状况的地方。

益处与注意事项

分离相位可以减少伤害行人和机动车之间发生碰撞的风险。

减少机动车通过交叉路口的延迟时间。

使用分离相位可缩短整体信号周期，减少行人过街时间，并延长所有用户的等待时间。

分离相位操作可以考虑用于一些指定的区域，城市可以选择完全限制右转或在车祸风险较高的时段进行限制。

信号周期长度

以通道为导向的长周期信号配时

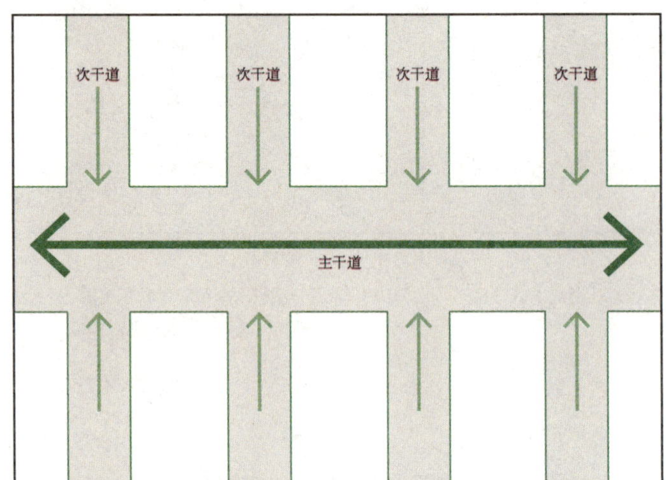

以通道为导向的信号周期长度（秒）

较长的信号周期和以通道为导向的信号配时方案，使得大型道路成为屏障，阻断了街区之间的联系，而不是把街区衔接在一起。

在上图展示的最初状况中，所有从小巷出来的街道使用者在穿行主干道时都会遇到严重拥堵。主干道在绿灯时接收车流的全部时长（96秒）是次干道（24秒）的4倍，结果导致驾驶员都主动避开次干道，加剧了主干道的拥堵。行人出于无奈，在步行信号发出前就会频繁地在车流中穿行街道。

缩短信号周期的平衡信号时序

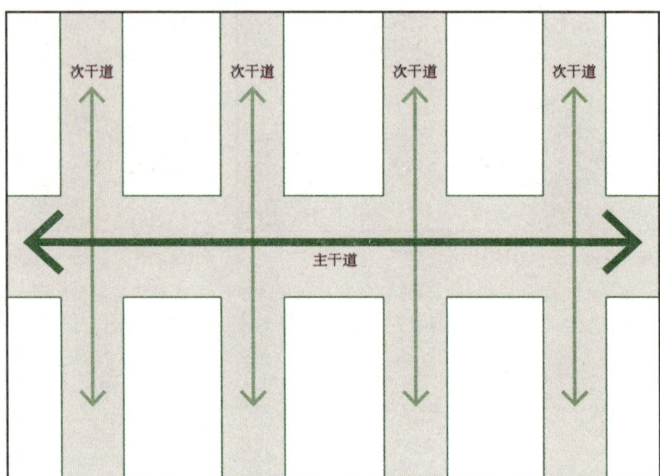

平衡信号周期长度（秒）

缩短信号周期有助于城市充分发挥整体街道网络的功能，而不是仅仅依靠一系列主干道起作用。

在主、次干道平衡的情况下，交通信号重新配时为60秒的周期长度。每个小型交叉口的绿灯时长以3 ： 2（主干道时长为36秒，次干道时长为24秒）进行分配。增加的通行量提升了行人与车流的配合度，减轻了周围街道的拥堵。

讨论

交通信号周期的作用尽管对于公众来说是难以觉察的，但其显著影响着城市环境的品质，进而为沿线的骑行者、行人和公交车辆提供安全通行机会。长信号周期再叠合多个交叉路口，会使行人穿行一条街道甚至步行一小段距离都会感到困难重重。这样就限制行人步行出行，使街道变成阻隔行人与目的地之间的屏障，而不是将彼此联系起来的城市脉络。

益处与注意事项

较短的信号周期减少了行人的整体等待时间，也减少了次干道的延迟时间。

缩短信号周期的益处是减少了行人穿行街道的时间。虽然长周期的交通信号会降低行人的配合度，但如果不求助于二段式行人过街模式，通常也很难施行较短的信号周期，在较宽的街道或林荫大道上尤为如此。确定合适的信号周期长度必须与特定街道的行人穿行距离相对应。[2]

信号周期影响着沿线交通的预期通行速度。可以利用信号周期来保持最低通行速度，作为信号时序协调计划的组成部分。较长的信号周期会导致街道上的车速不同。

关键点

最低步行时间不应小于7秒。步行时间应以整体穿行距离而定，并且应根据每秒2.5英尺（0.8米）的最低穿行速度进行计算。

加利福尼亚州洛杉矶

如果没有为普通行人提供足够的穿行时间，或行人通行延迟加重，则醒目的人行横道就失去了应有的价值。

建议

对于城市区域来说，60~90秒范围内的短信号周期比较适合，这个周期范围提供了频繁的间隔时间和连续的穿行机会，从而形成更具渗透性的街道网络。

在应用较短信号周期时，应考虑行人的穿行距离。在某些情况下，老年人和孩子可能无法在一个信号周期内完成穿行，此时必须采取措施缩短穿行距离，如通过缩减街道宽度、设置路缘扩展带等办法来解决这一问题。

较短的信号周期尽管符合人们的期望，但要确保信号周期的长度满足通行需求，使得人们能够在单个信号周期内连续地穿过整条街道，而不必卡在中央隔离带，除非中央隔离带本身就是目的地。

自适应信号控制应减少对信号周期的改变。自适应信号控制的运行应限于交通状况变数较大的郊区环境和活动场所等。自适应信号控制会造成较长的信号周期，从而减弱多模态状态。

以下建议可供选择

信号周期长度可根据车辆和行人流量在一天中不同时段的波动情况进行调整。信号周期的调整幅度不宜过大，而且要考虑到行人和车辆两个方面在高峰和非高峰时段的流量。

少于60秒的信号周期仅适用于城市采用“羽化”措施（时间间隔在接近某个夹点时降低）来减缓通行阻碍的地方。在这种情况下，应基于每秒2.5~3.5英尺（0.8~1.1米）的穿行速度来确定行人需要的穿行时间。[3]

固定信号与驱动信号

应用

通常来说，固定信号是城市进入正常节奏、组织交通网络、保证可预测性和减少不必要延迟的关键。

在某些车流较少的区域，驱动信号（按钮、循环检测器等）可能是适合的，然而，这些驱动信号必须有效地缓解交通延迟，才能提升人们的配合度。一般来说，由于街道上的探测器需要人工维护以及相应的费用，驱动信号并不是最佳选择。

益处与注意事项

固定信号在通行车流中创造了有规律的间隙，可供车流驶入或穿行街道，所以一系列的固定配时信号有利于驾驶员和其他人在无信号控制的交叉路口通行。固定信号为过街行人提供规律且连续的间隔，使行人在交通信号配时方面得到公平的对待。

相对于驱动信号，固定信号在初始阶段和后续维护方面的成本都较低。

驱动信号优先考虑主干道的交通通行，如果信号配时仅优先考虑车行，则会对穿行的车辆和行人造成障碍。

在需要驱动信号的地方，应尽可能提升信号的反应能力，并尽量减少延迟。

目前很多交通信号控制器都能够减少交通延迟，但仍保持交通联动而非无序状态。交通联动如搭配长信号周期，会造成80秒甚至更长的延迟，这会降低行人的配合度，容易引发冒险行为，并会给人们留下按钮不响应或者出故障的印象。

在与邻近交通信号（或无信号）不联动的十字路口，设计师可通过缩短最低绿灯通行时间来进一步缓解行人的通行延迟。在设有联动信号的地方，设计师可通过多种途径缓解延迟，如增加宽松的通行时段，在一天的某个时段根据反应情况调整信号配时，以及将信号设置为在行人相位时取消等。

关键点

在交通信号联动配时方面，设计师必须考虑两个交通信号之间的空间间隔，从而寻找满意的穿行间隔时间，实现步行友好的环境。

建议

在所有的城市中心区域、中心商务区，以及车速相对较低，且行人期望到达的城市区域，建议使用固定配时信号。

全驱动或半驱动信号控制应限用于郊区道路和乡村街道。在郊区道路中，通过使用驱动信号会提升驾驶员的配合度，减少交通延迟。

在行人交通流量较小的地方，驱动信号可以优先使用在快速公交走廊沿线，以便提升公交车次编排服务的可靠程度，避免不必要的延迟。

加利福尼亚州旧金山

驱动信号通常需要行人积极地表明自己的过街需求，这通常通过使用行人驱动按钮来实现。

应根据驶近车辆的驾驶员最终安全停止所必需的过渡时间来提升驱动信号的响应速度（最低5秒）。如果在行人穿越交通量大的公交路线、主要的自行车通行线路或重要的货运线路等地方，则较长的延迟是可以接受的。

对于大多数自行车路线来说，应使用逆行被动探测措施来尽量减小检测和穿行之间的时间差，而不是使用按钮激活。

可供选择的建议

全驱动信号控制策略适用于全天车流和行人流量变化较大的街道。全驱动信号通过对交通系统中的持续转变和模式做出反应，在一定程度上缓解交通延迟。

半驱动信号控制会优先考虑主干道直行交通，不适用于有较大穿行交通需求或来自次干道的行人通行需求的地方，除非使用短信号周期（低于80秒）。任何延迟时间较长的交通信号都会阻碍行人穿行，并使街道成为通行的屏障，在繁忙的交叉路口尤为如此。

驱动信号可与许多信号策略配合使用，包括：全信号系统（用于主要街道和次要街道）和行人信号系统或半信号系统（在次干道上的停车标志）。

信号系统对于特定交叉口来说并非总是最佳选择。设置停止线或避让控制可能更适用于和当地道路或居住区街道相交叉的地方。

联动信号配时

应用

联动信号配时策略与车辆通行同步，维持特定模式下的行进速度。在这种特定模式下，人们希望沿线交通流连续不间断。尽管这一策略在传统上用于提升车流量，缓解高峰时段延迟，但也有利于车辆慢速行驶，使自行车骑行者的骑行连贯不间断，或为行人创造低车速通行的步行友好的城市中心区环境。若沿线的常规公交服务有稳定的安排且少有变化，则可使信号在时间安排上与沿线的公交发车间隔形成联动。

联动信号配时策略通常应用在交叉路口较为密集的线路，如0.25英里（0.4千米）或更短，同时这些线路的使用者又明显希望“排队式地行进”——街道使用者连续流动或统一设定行进速度。若采用这一策略，应契合周围环境的具体目标和状况。

益处与注意事项

交通信号间的协调联动能减少车辆在通行沿线的停车次数，使车辆以目标速度连续行进。连续行驶的速度不超过目标速度，而不是85%位速度。

应谨慎制订非高峰时的信号配时计划，顺应低流量交通状况，信号周期时长远低于高峰时段会对交通状况有明显的改善。同样地，周末的信号配时计划也应对社区需求予以回应。

信号配时分类

（1）自行车骑行的街道。

自行车骑行者以12~15英里/小时（19.3~24.1千米/小时）的速度通行时，会在连续的交叉路口得到绿灯通行指示，从而使骑行者在沿线依次连续通过。

（2）城市中心区。

城市中心区的联动信号配时可设置在行人和自行车连续通行已经优先于机动车的街道。在这些情况下，设计师可设置联动信号，来促使驾驶员以15~20英里/小时（24.1~32.2千米/小时）的缓慢速度穿过城市中心区。

（3）与公交联动。

在公交路线中，较短的信号周期可通过提升通行量、减少次干道延迟来增加公交运行次数。60秒的信号周期适用于大部分公交线路，无须使用公交信号优先。设有公交信号优先权的交叉口可采用稍长的信号周期，这是由于稍长的信号周期使工程师可以灵活地在循环周期基础上修改时间。[4]

设计控制参数

在任何改造设计或改造建设的初始，设计师都会提出控制随后街道设计的关键准则。这些因素在决定设计决策时至关重要，此处称作“设计控制”。

设计控制参数

高质量的城市街道和交叉路口设计均依赖于对分析过程和各种假设的深刻认识，这些都是形成街道的技术决策基础。从高峰时段的交通需求到服务水平的设计控制，应该始终由设计的预期结果以及项目致力于解决的各种特定问题来决定。

被动设计与主动设计

无论是从使用者的角度还是从交通拥堵的角度，都通过被动的设计方法来假定并解释最糟糕的情况。多年以来，道路设计一直采取被动方法，使得驾驶员以不可预料的方式高速行驶。被动方法的系统设计尽管在类似的工程领域是合理的，如雨水管理或地震区域的抗震工程等，但用在普通的城市街道上却会带来灾难性的后果。过度设计的缓冲区、预留区以及防止与固定物体发生碰撞的退线区等，都已经导致街道引发不安全的行驶速度。

风暴和地震都是环境因素造成的，其影响可以通过设计予以缓和，然而控制交通工程的是人的行为，从根本上说具有适应性，而不是一成不变的。人是可以适应所处环境的。改变街道即是改变人的行为，这意味着为最快速且最糟糕的驾驶员设计的街道，可能正好造成更多的驾驶员以更快、更危险的速度行驶。而主动的方法则利用设计来影响想要的结果，通过物理和环境方面的提示来引导街道使用者的行为。[1]

设计速度

车速对于车祸及其后果的严重程度有很大影响。传统街道设计以公路设计原则为基础，允许驾驶员的错误行为，并容许较高的行驶速度。这种方法以85%位速度作为设计速度和标示限速的基础——驾驶员的实际行驶速度是多少，而不是驾驶员应该以什么速度行驶。由于以较快速度驾驶的驾驶员为设计对象，结果撞车事故率上升，使得按照限速行驶的驾驶员实际上也身处危险之中。街道设计只考虑最糟糕的驾驶员和最严重的潜在危险，这样消极利用设计速度会引发而且间接鼓励了车辆加速行驶。此外，较高的设计速度迫使转角半径增大、车道增宽、增设护栏、取消街边停车区域以及产生更多的预留区等问题出现，从而使城市街道和适宜步行的街区退化。

我们城市的重要目标之一就是减少伤亡和事故。据美国公路安全委员会资料显示，在2011年，车祸导致4432名行人死亡、约69 000名行人受伤。在这些事故中，73%发生在城市区域。也就是说，城市中平均每天有146人因交通事故死亡或受伤。为防止这些可怕且不必要的伤亡事故发生，城市应实行速度管理机制来影响人们的行为，通过降低车速，进而减少伤亡事故的发生。在以降低车速为目标的新建或已有街道上积极运用主动的设计方法，“可能是降低行人伤害和死亡率的最重要的一项干预措施”。[1]

讨论

车速对于车祸的发生及其后果的严重程度有直接影响。较高的车速、车祸风险与伤亡严重程度三者之间存在着直接联系。[3]

在城市街道中，设计师应基于复杂环境中的安全运行速度慎重选择设计速度，用于道路的几何形态决策。

10~15英里/小时（16.1~24.1千米/小时）

驾驶员的视野范围

刹车距离

车祸风险

20~25英里/小时（32.2~40.2千米/小时）

驾驶员的视野范围

刹车距离

车祸风险

30~35英里/小时（48.2~56.3千米/小时）

驾驶员的视野范围

刹车距离

车祸风险

超过40英里/小时(64.4千米/小时)

驾驶员的视野范围

刹车距离

车祸风险

随着驾驶员驾驶速度的加快，其视野范围急剧缩窄。[2]

较高的车速
较高的车祸风险
较严重的车祸
较低的安全性

时速/（英里/小时）	刹车距离/（英尺）*	车祸风险/（%）†	死亡风险/（%）†
10~15	25	5	2
20~25	40	15	5
30~35	75	55	45
40以上	118	90	85

* 停车距离包括感知、反应和刹车距离。

† 来源：《传统街区发展：街道设计导则》（1999年），美国交通工程师学会运输规划委员会 5P-8。

较高的设计速度通常要求增大转角路缘半径、增加行车道宽度、禁止路边停车、增设护栏以及设置预留区等。较低的设计速度会降低观测到的超速行为，为人们行走、停车和驾驶提供一个安全的环境。

传统的公路设计：

运行速度=设计速度=标示的行车限速

前瞻性的城市街道设计：

目标速度=设计速度=标示的行车限速

质量差异

街道使用者之间存在质量差异，导致两个相撞物体间质量较轻者受到的伤害更严重。

公交车

24 000磅

（10.9吨）

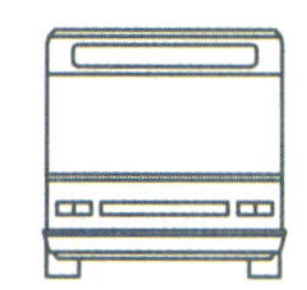

小汽车

2000磅

（0.9吨）

自行车骑行者/行人

30~250磅

（0.01~0.1吨）

关键点

要运用目标速度设计街道，即期望的车辆行驶速度，而不是实际通行速度。在大多数城市街道中，观察到的85%位速度应下降10~30英里/小时(16.1~48.3千米/小时)。

城市主干道的最大目标速度为35英里/小时（56.3千米/小时）。[4]一些城市干道可能位于人们想要或被允许步行或骑行的建成区域之外。这种类似于公路的地方，可以提升道路的目标速度。

城市中等容量街道和地方街道的最大目标速度为30英里/小时（48.3千米/小时）。

要使用与特定街道的目标速度相同或略低的速度设计标准。对于限制进入的高速路和公路来说，通行限速可调至较高水平，但这不适用于城市街道，包括城市干道。

实施措施可以适当地降低行车限速并稳定运行速度，这样做可使设计速度与目标速度一致。缩窄车道宽度、增设路边绿化景观和减速带、设置路缘扩展带，可以降低车速，提升自行车骑行者与行人区域的空间品质。[5]

建议

在城市中心区和交通信号分布密集的交通网络，可使用短信号周期和缓慢的信号绿波。

在邻里街区中，有些交叉路口有儿童玩耍等其他无法预测的行为，设计师应考虑设置行车限速为20英里/小时（32.2千米/小时），以降低车速，保证安全。

在行人流量中等偏上的地方街道或区域，设计师可选择低于标示限速的设计速度。一些地区不允许标示限速低于25英里/小时（40千米/小时），但并不限制低于限速10英里/小时（16.1千米/小时）的运行速度。

以下建议可供选择

共用街道或小巷可把目标速度降至5~10英里/小时（8~16.1千米/小时）。

设置超速照相机已被证实在降低车速、增强限速服从性方面非常有效。

路易斯安那州新奥尔良

狭窄的街道使车速降低。

伊利诺伊州芝加哥

小型环岛交叉路口使车辆经过居住区时减慢速度。

减速机制

城市可以使用多样化的交通稳静化设施，来达到降低车速的目的。有的限速设施改变了街道配置，有的则改变了人们对街道的心理感知。

可考虑采用以下手段鼓励驾驶员以目标速度行驶。

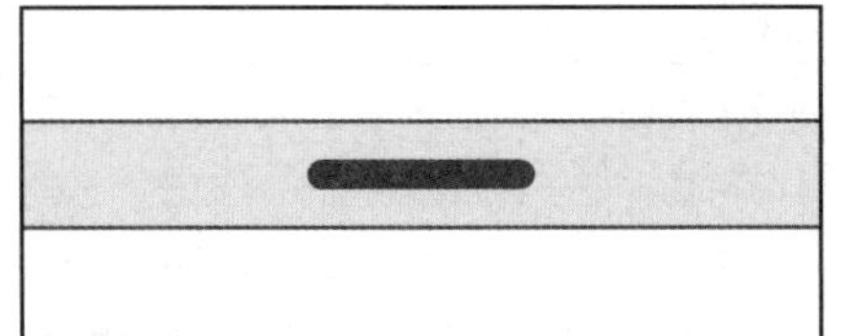

隔离带

隔离带在街道中心形成交通窄点，能够缩短行人穿行距离。

夹点

路宽收窄或夹点处限制驾驶员在地方街道上高速行驶，并明显为行人拓宽了人行道区域。

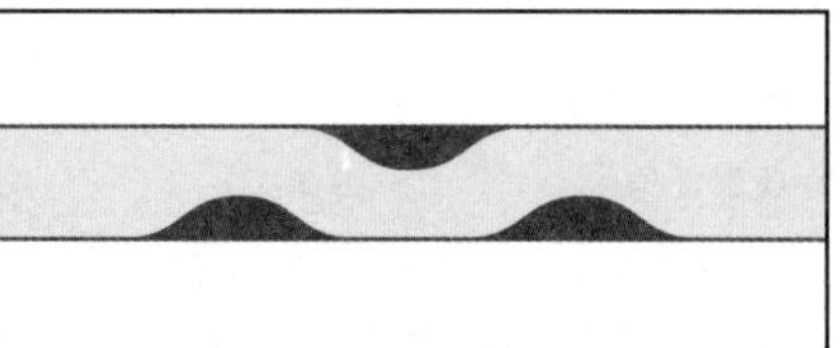

减速弯

减速弯通过在沿线交替设置停车位或控制带，从而降低驾驶员的行驶速度。

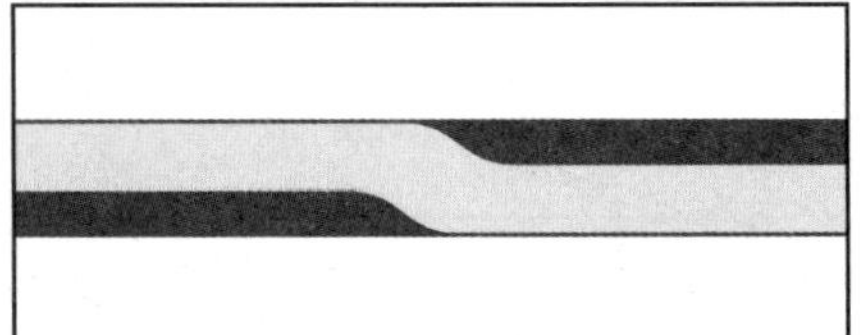

车道偏移

车道偏移可使行驶车辆横向偏离行驶方向，并可结合标线施划、路缘扩展带或停车位一起设计。

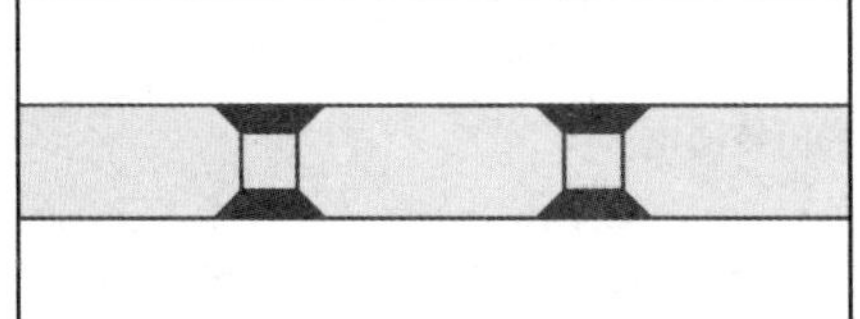

减速带

减速带使行驶车辆垂直偏转，可与街道中段人行横道相结合。

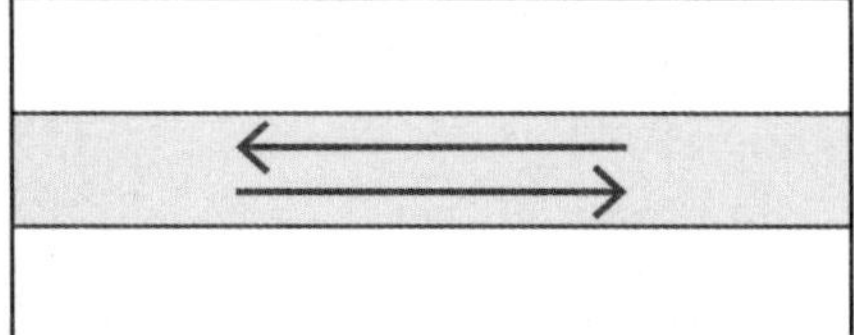

双向道

双向道，尤其是断面较窄的街道，可促使驾驶员小心谨慎地对待迎面车流。

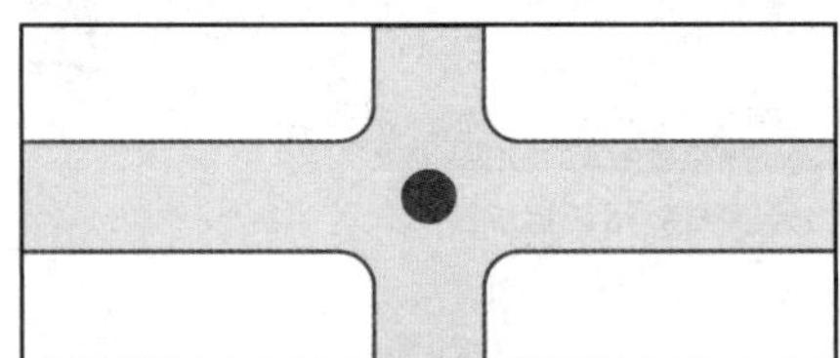

小型环岛交叉口

小型环岛交叉口促使驾驶员小心地穿过冲突点，从而降低交叉路口的车流速度。

对角分流岛

对角分流岛打破街道网络，同时保障街道网络中行人和自行车骑行者穿行的连续性。

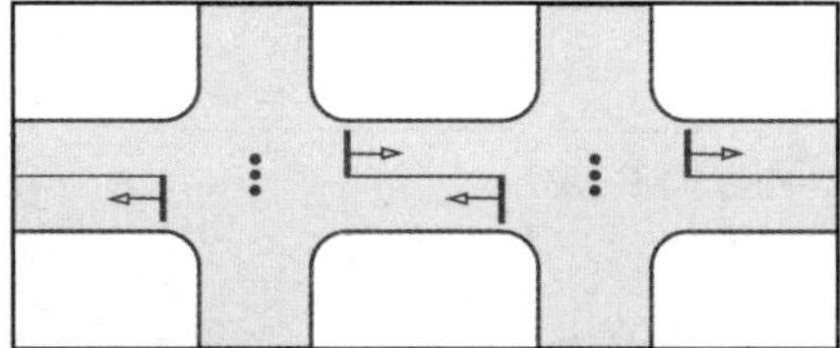

信号绿波

根据街道目标速度设定信号时序能使沿线车辆低速行驶。

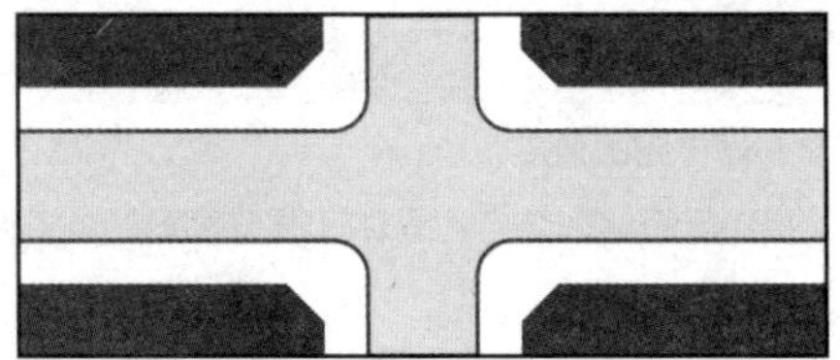

建筑红线

建筑密度较大的环境如果后退道路不明显，则会限制视线，使驾驶员对周围环境更加警惕和谨慎。

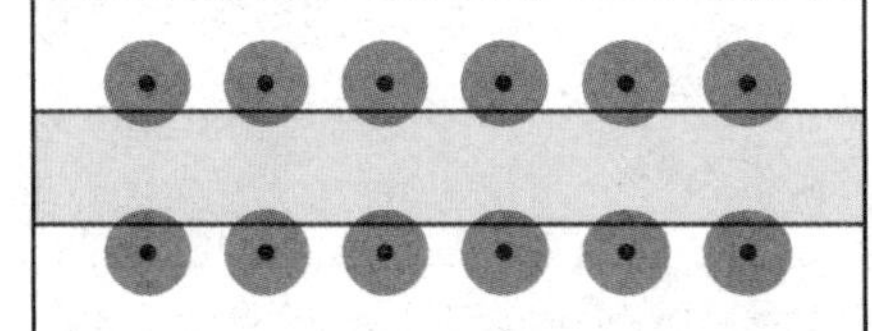

行道树

行道树使驾驶员的视域收缩，在街道沿线形成韵律感。

街边停车

街边停车使街道缩窄，为通行车辆带来潜在冲突从而降低车速。

设计车辆

设计应优先考虑街道使用者中的弱势群体，而不是大型车辆。设计必须考虑到大型车辆尤其是紧急车辆可能面对的问题，然而这些问题并不频繁出现，不应该成为某个地方大多数日常使用者的安全性与舒适性的主要决定因素。设计车辆的选择会影响一条街道的物理特性、安全性和运行状况。

讨论

设计车辆的选择影响着街道的最终设计特征。[1]在选择设计车辆之前，要考虑特定街道整体环境下的理想设计方案，了解多大的车型可以在提出的方案中通行自如。[2]

为容纳最大型车辆以可能的最快速度通行而设计街角半径，这种设计会破坏步行环境，造成行人穿行距离增加。[3]

大型紧急车辆如消防车，其尺寸规格通常与响应时间相关联而带有一定的特殊化。可假定允许紧急车辆在两个方向均有完全通行权，尤其在街角转弯半径小以至于需要利用反向车道完成转弯时更应这样。[4]

公交车，如铰接式公交车，可受益于较大的有效转弯半径。自行车道和街边停车区有利于形成较大的有效转弯半径。

在某些交通路线中，可根据街道现状、街道使用者是否存在弱势群体或是否会产生不合理通行影响等问题，限制超大型卡车和其他大型车辆驶入某些街道。可变更卡车路线至其他并行线路，这些并行线路不需要大量重建就可以满足卡车的行驶要求。

关键点

设计车辆是特定街道的主要使用者，决定了街道需要的最小转弯半径；控制车型是使用次数较少的大型使用者。设计车辆可利用一条进入车道和一条接收车道转弯；控制车辆则可使用多个车道空间转弯。

大型卡车很少进入地方街道。这些车辆可借助反向车道完成转弯。

可根据具体环境下的城市街道类型采取合适的设计车辆和控制车辆标准。设计车辆决定了街道元素的设计，如转弯半径和车道宽度。控制车辆决定了如何设计才能满足大型车辆利用整个交叉路口完成转弯的需要。[5]

城市公交车必须能够借助在不超过三次操作的情况下顺利转至公交路线。在必须通过三次操作完成转弯的地方，设计师应考虑取消交叉路口处的停车区，或断开接收街道中的停止线。

纽约州布鲁克林

此交叉路口中，发车频繁的公交路线要求有紧凑的右转弯。退后式停车线与“此处停车”标志配合使用，使得公交车只需要一次操作即可完成转弯。

控制转弯速度与退后式停止线

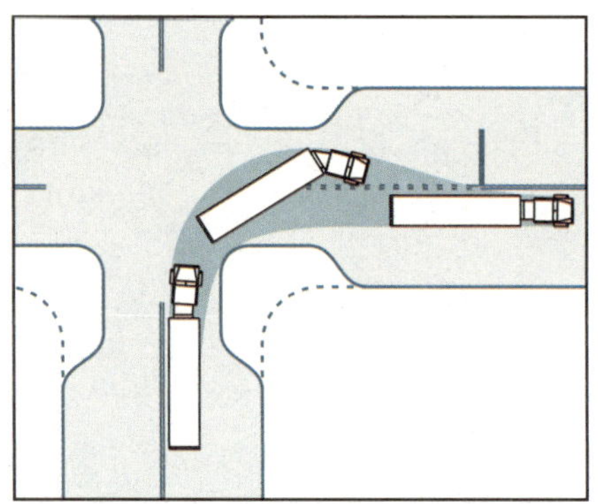

允许通行次数少的车辆使用整个交叉路口空间（在转弯之前稍微向左移动，并利用接收车道右侧的相邻车道），从而使整个交叉路口更加紧凑，把普通车辆的转弯速度降至12~15英里/小时（19.3~24.1千米/小时）。退后式停止线防止与对向车流发生冲突。

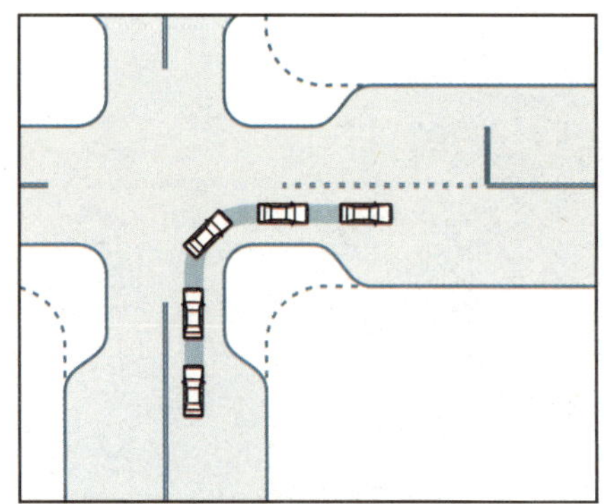

使用较小的设计车辆，但允许不常出现的大型车辆利用整个交叉路口，这样设计方案就使普通车辆的转弯速度提升5~10英里/小时（8~16千米/小时）。

当确定与设计车辆相关的局部街道几何因素时，利用"蛇行"的较低车速作为设计速度的对照。[6]车辆以较低速度行驶时有更大的灵活性，会造成转弯困难，这在高速行驶的情况下会带来问题或增加危险性。

一辆大客车在小型居住区街道上以缓慢速度转弯。

建议

采用城市街道的主要使用者——货车作为新的设计车辆（DL-23）。货运卡车通常在城市街道中行驶，其内侧转弯半径为23.3英尺（7.1米），外侧转弯半径为29英尺（8.8米）。

伊利诺伊州芝加哥

这种卡车是DL-23的一个实例。

所有货车路线都设计为允许货车安全而有效地通行。确定货运路线方案应考虑到与自行车、公交车和行人的主要通行路线相协调，同时也要分析主要的进入路线、对桥梁的危害以及工业或商业用地的使用情况。规划货运路线要与交通执法相配合，以确保不会把超大型车辆分流到路网之外。

以下设计车辆均应考虑到，保持通向产权单位出入口畅通，同时强调注意行人的安全性和低速行驶。

街道类型	设计车辆
邻里街区和居住区街道	DL-23 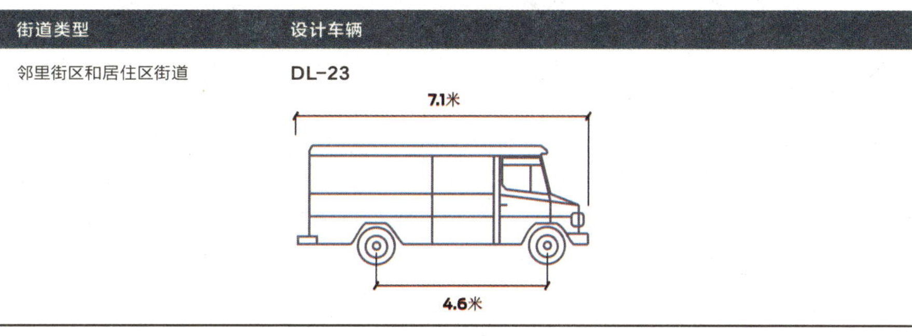
城市中心区和商业区街道	SU-30 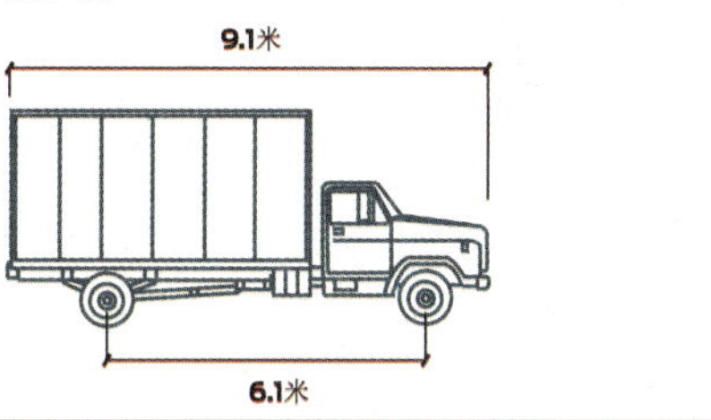
指定的货运路线 注意：允许货车在转入接收车道时使用整个交叉路口。	WB-50 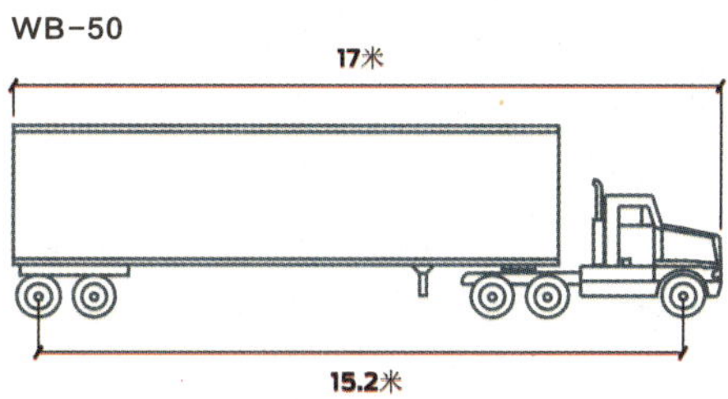
指定的公交路线 注意：允许公交车在转向接收车道时使用整个交叉路口，但如果可以避免的话，尽量不要在全时段公交路线中运用此种方式。	BU-40 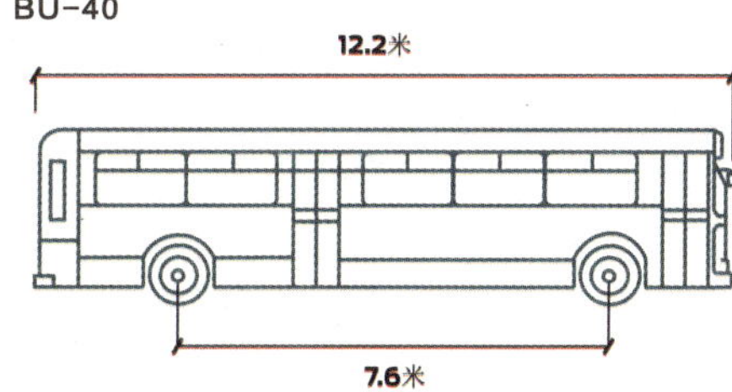

DL-23是城市街道最大型的使用者，出行频繁。

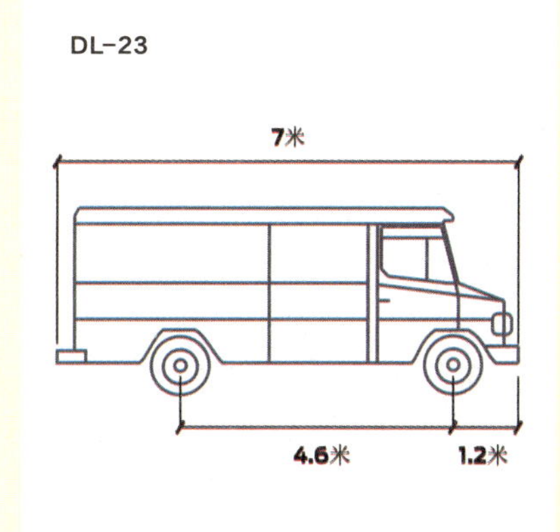

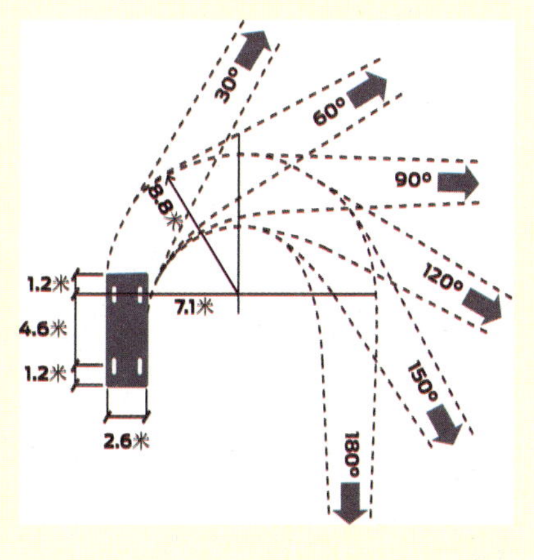

波特兰的货运总体规划（上图）。对货运路线进行等级分类，并设置了货运区域。[8]

在载货汽车路线交汇或频繁转弯处，要在交叉路口街角处设置隔离柱，以预防车轮碾压路缘引发事故和伤亡。[7]

在预期货运汽车或城市公交车经常侵占道路中心线的地方，考虑在交叉路口的潜在冲突点处设置虚线。

以下建议可供选择

在需要频繁装卸货的狭窄商业街道，要考虑实施共用街道设计策略，以避免较大的转弯半径或者货运车辆侵占人行道停车。

设计时段

街道的使用、需求和活动一天之中从早到晚都在不断变化。一条街道在高峰期的通行情况不同于午间时段，就像一条街道在周六深夜的通行体验不同于周日清晨是一样的。街道设计应该敏锐地观察街道在一天中的全时段运行方式，以及全体街道使用者的通行方式。了解街道的峰值强度固然必要，但街道的设计形式或对交通通道的分析也应力求平衡不同时段之间的需求和功能。

讨论

充满活力的城市能保持一整天的活跃度。针对街道在峰值时期的交通流量进行设计，可以缓解这一时期的拥堵，但可能无法在一天的其他时段提供安全且充满吸引力的环境。日平均交通流量和高峰时段交通流量都不能单独反应街道的利用情况。相反地，应考虑多个时段的通行状况和每条车道的平均流量。

在街道网络内，从起点经过不同的路线到达终点，其通行时间要趋于相近。当一条路线比较拥堵时，道路使用者可选择另一条不同的路线。[1]

城市交通网络和道路网格因其内在连通性而具有较强的灵活性。街道设计要从交通网络视角出发，考虑转弯限制以及单向道向双向道的转换，同时还要注意整个交通网络中的整体拥堵分布情况。

要考虑行人、自行车骑行者以及车流在高峰时段的通行活动状况。除了周末对于绿道和娱乐中心的需求趋于旺盛的情况外，行人的高峰时段通常临近午餐时间，而自行车的通行高峰时期通常遵循与汽车交通相似的模式。

随着驾驶员根据预测的延迟不断改变他们的行为活动，高峰期的拥堵正在经历调整。

街道生活中的一天

上午8点

早高峰

在高峰时段，要调整信号以便适应高峰时期的流量，监测交通状况防止拥堵。

下午1点

午间

在午餐时间，城市中心区的行人流量达到峰值。

晚上8点

晚间

在高峰期过后，交通流量在夜晚开始下降，某些区域的行人流量开始上升。

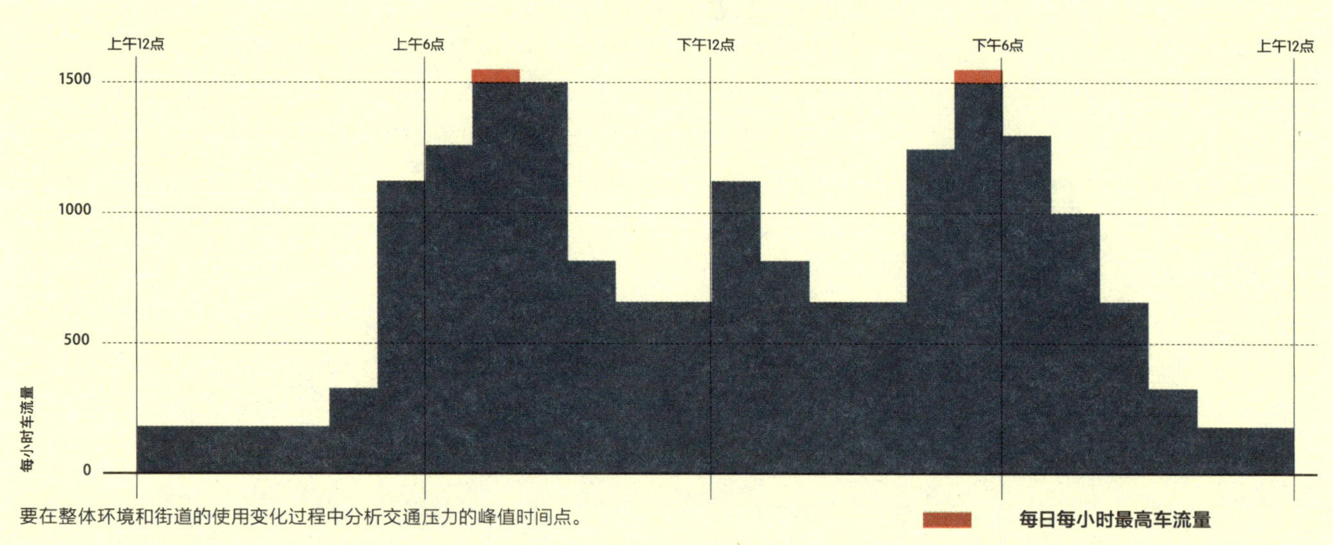

要在整体环境和街道的使用变化过程中分析交通压力的峰值时间点。

关键点

要采集3小时以上高峰期交通活动的多模态数据，从而更好地认识整个高峰期的街道交通运行情况。

建议

社区设计应致力于改善公共领域在非交通高峰期期间的状况，同时商业街道可能需要引入人行道设计参数，从而容纳周末和节假日时期的行人流量。公交优先车道和停车道可实行全天灵活管控，如路侧式公交车道可在周末转换为停车道，或在早晨时段转换为专用装货区。

要使用信号配时或交通需求管理措施，来改变街道拥堵状况，而不是依靠增加街道容量的手段。

要采集四个时段的交通流量数据（早高峰、午间、晚高峰以及周六），以便对有代表性的交通流量级别进行分析。把这四个时段的平均流量用作街道和交叉路口设计的指导标准。[2]

要把交通路线整体通行时间内的典型指标作为性能评测指标，而不是仅参考特定交叉路口的峰值服务水平。

大多数城市在新开发中采用美国交通工程师协会的出行生成标准。要确保根据现有模式拆分或城市采用的交通方式目标，将产生的出行分配给多个交通方式。这会减少由开发场地所产生的额外高峰时段，而且减少所需使用的缓解措施。[4]

日平均交通流量为42 000辆，逐小时分解

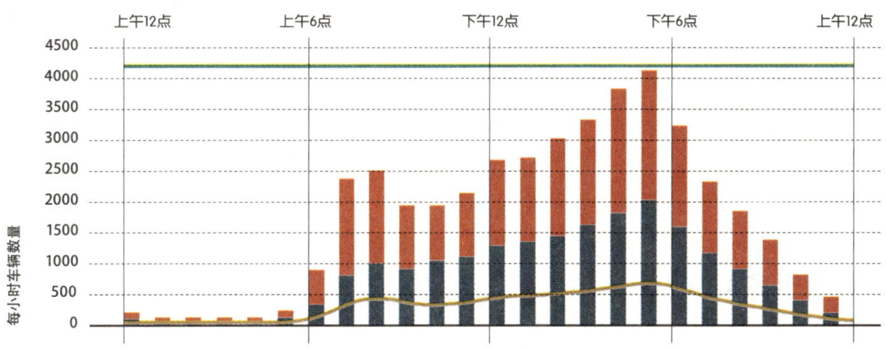

向西行驶

向东行驶

六车道容量（每车道700辆）

每条车道上车辆平均数量（6条车道）

百老汇林荫大道位于图森市的克尔布路上，AZ是一条六车道街道。2012年测得的24小时交通流量计数表明，其拥堵状况与美国许多城市干道类似。日平均交通流量为42 207辆。然而，测算24小时内每条车道上的平均流量，发现车辆总数在一天中的几乎所有时段都远低于街道容量。[3]

为普通出行目的车辆设置的高峰时段停车应予以限制，或转换为其他用途，城市区域高峰时段的车道，尤其是与行人通行便道紧邻的车道，都应避免停车。高峰时段的停车限制也影响了许多其他有利设施的使用，如路缘扩展带、街边休息区以及自行车道等。

华盛顿特区

在高峰时期，这条街道由四车道转变为六车道，增加了50%的容量，却减少了每天20小时非高峰时段的通行空间。

高峰时段分析有可能对街道产生潜在的负面影响，体现在以下几方面：

交叉路口设计

要想保障转弯交通通常需要增设左转弯或右转弯车道，以保护直行交通的高速行驶。要在现有路面通行范围内为转弯车道重新分配空间，而不是拓宽交叉路口。

计划与发展回顾

交通影响分析报表通常需要研究如何使街道容纳高峰时期的车流量。要运用操作性策略缓解峰值流量，而不是借助于增加街道容量。

服务水平计算

把高峰时期流量纳入服务水平计算，服务水平计算在过去常用来证明增加流量成本是合理的。

要针对高峰时段和非高峰时段的全体使用者来分析街道，从而认识他们在交通系统内的需求和使用情况。基于这些分析，可探索再分配和街道的管理策略，如临时性步行街道，以便在一天、一周或一年的时间内充分地利用街道。

以下建议可供选择

早上时段要限制停车，支持高度活跃的装卸区，以避免主要商业街发生双重停车情况。

在交通流量大且对公交运行不会产生干扰的交通路线上，实施合乘车道（HOV车道）。

网络方案措施

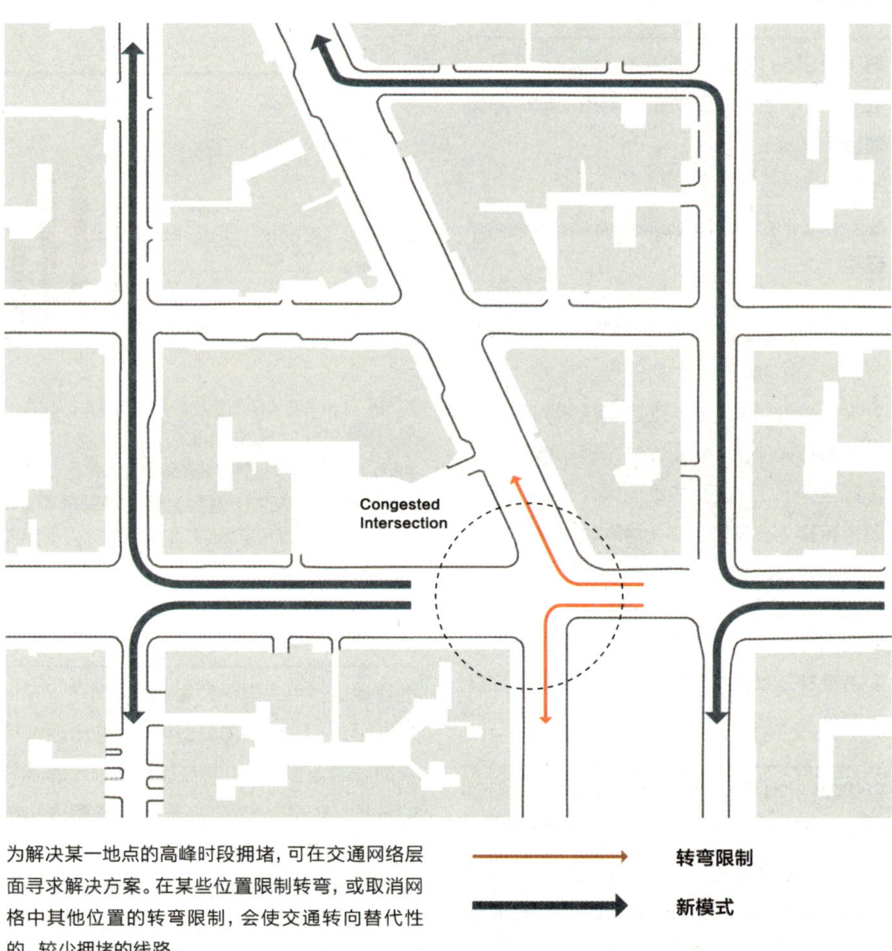

为解决某一地点的高峰时段拥堵，可在交通网络层面寻求解决方案。在某些位置限制转弯，或取消网格中其他位置的转弯限制，会使交通转向替代性的、较少拥堵的线路。

设计年份

城市应该进行街道建设投资，这些投资要考虑主要基础设施投资的活力与使用期限，为未来增长和发展前景负责。这样的项目应该反映出城市采用的目标，并展现出预期的结果，与土地使用限制相协调。

一条道路的指定设计年份代表了对该设施的未来交通需求和流量的估测。设计年份通常默认为以稳定增长的通行需求模型或其他方法为依据。这些预测常常与当地政策和近期交通发展趋势相左。尽管通行需求模型已经发展进入非常复杂且精细的领域，但仍然是根据情况分析进行预测，并应由预期结果和目标驱动下的城市政策予以认可。

人均车辆行驶里程

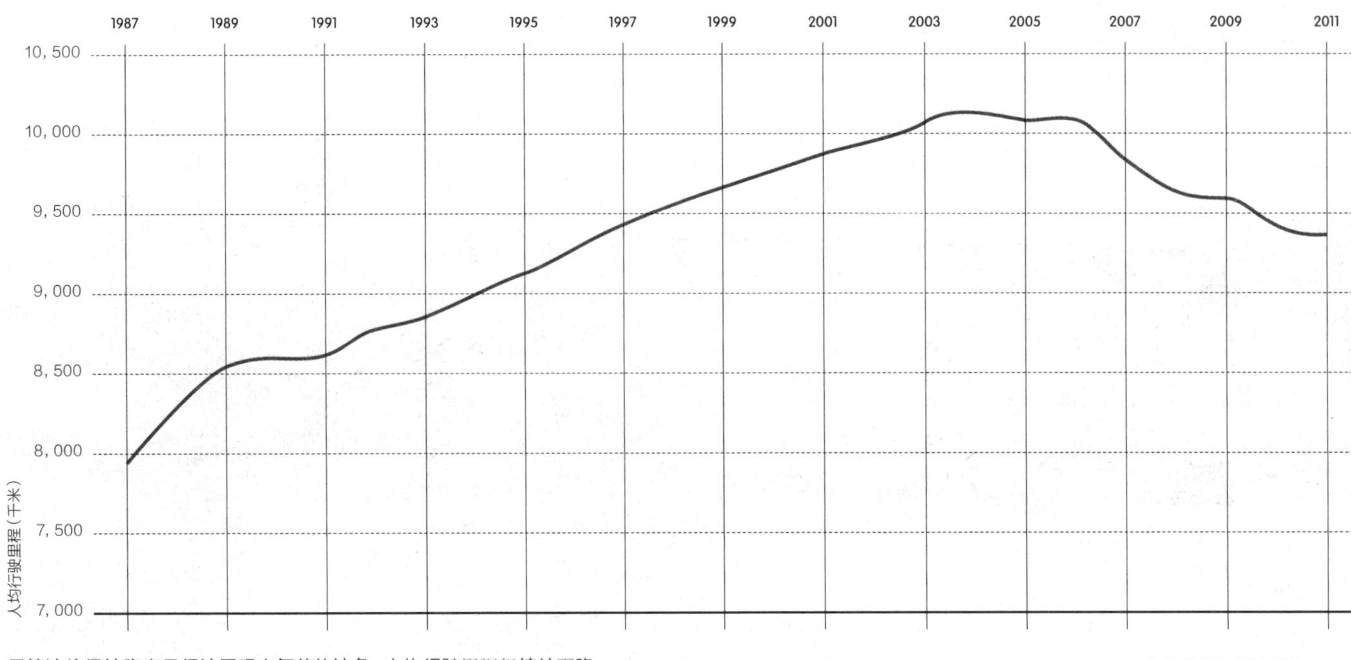

尽管油价保持稳定且经济展现出复苏的迹象，人均行驶里程仍持续下降。
来源：国家智能交通项目。[1]

种种趋势表明，全美国行政辖区在过去10年交通流量趋于平稳甚至下降，而传统预测方法大幅度高估了交通增长的潜力。[2]同样地，许多模拟研究又低估了其他方面的潜在益处（交通流量减少带来的影响），这些方面包括：改进后的土地利用决策、其他交通模式（如自行车）的自然增长，以及城市移动选择中的整体文化变迁等。

2%的复合交通模式增长率在35年内翻了一番。

交通增长预测

联邦政府资助的项目和环境评价通常需要预测未来10~30年的交通流量，这一预测又通常假定交通流量以1%~2%的年增长率增长。[3]然后分析这些交通预测与现存性能评测指标（通常为服务水平）的关系，从而决定未来是否有必要实行缓解措施。

大多数地区，交通预测通常以交通模型选择（通常为区域级别）为依据，这种交通模型经过校准来模仿现有和未来的交通水平，其依据是土地利用、交通运输投资和其他因素等。[4]最近一项研究调查了竣工后交通预测的准确性，并表明城市环境中的道路（主干道和中等容量街道）上的交通流量经常会被高估。

尽管这是普遍的逻辑，但超安全标准设计和过度设计街道，从道路容量的立场来看，实际上可能恰恰损害了公众安全。此外，为满足错误的未来需求而过度设计道路，会给城市公共领域内的其他土地利用带来重要的机会成本。

城市交通运输政策通常优先考虑行人、自行车骑行者和公交系统。在一些情况下，城市的目的在于实现明确的模式共享目标，以便减少对单乘员车辆使用的依赖。[5]这些积极目标的达成将需要在基础设施投资和驾驶行为两个方面做出改变。

单个项目应该根据具体情况进行评估，以便分析随着时间的推移，标准的交通增长因素（土地利用导致的出行目的、环境发展等）如何与多样化的街道使用者和用途相互制约。对未来状况的分析应该要以对街道和设施未来功能的构思为开端，并确定什么样的设计策略才能实现这一愿景。在某些情况下，可能需要有人均行驶里程负增长因素来满足预期目标。

交通缩减

以行人、自行车骑行者和公交系统为导向改造街道，需要减小或重新分配道路的交通容量。普遍的观点认为，减小车道容量就会加剧交通拥堵，然而研究结果显示恰恰相反。当道路容量减小（甚至急剧减小）时，车流量实际上也能会以相应程度的下降来做出反应，这也称作“交通缩减”。[8]根据大量案例研究结果，“减小道路容量并不会导致长时间拥堵，而且现存的拥堵程度加剧通常只是暂时性的……相反地，有大量的证据表明，有一定比例的交通实际上‘消失’了……”[9,10]研究表明，那些被取代的交通有以下3种去向：①被周边街道网络吸收；②转变为其他方式出行；③出行发生了更改（出行者改变了目的地或出行频率）。

出行模式份额的百分比变化（2005—2011年）

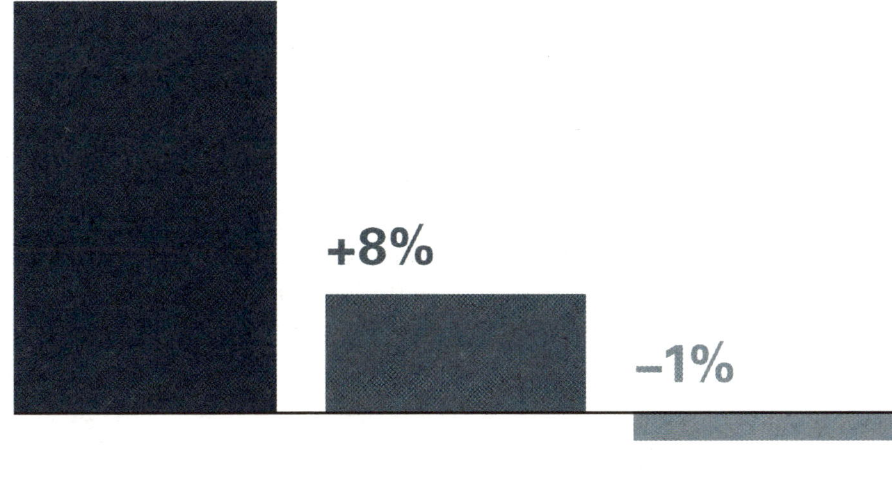

过去5年中，公共交通和自行车的方式份额急剧增加。
来源：美国交通运输部交通运输战略局和美国自行车协会。[7]

交通预测反映了土地用途和交通行为的变化，可以用来满足特殊交通限制设施的安装许可等其他标准，如停止标志、交通信号。

诱导需求

右图说明了一条设计年限为20年的街道对交通需求的激发作用。这条街道以未来20年的交通容量进行建造（或重建）设计，但在5年后完成。额外的道路空间得到的回应是开车出行增多，而近年来道路不断扩建，通常也降低了行人的出行体验，使人们步行至学校、商店等其他目的地的意愿降低。驾驶员们也会在日常通行的备选路线和或早或晚的时间进行交替选择，填充了新的街道容纳空间。最后造成的结果是街道容量只在10年内便会达到饱和，而不需要20年的时间。[11]

诱发交通需求

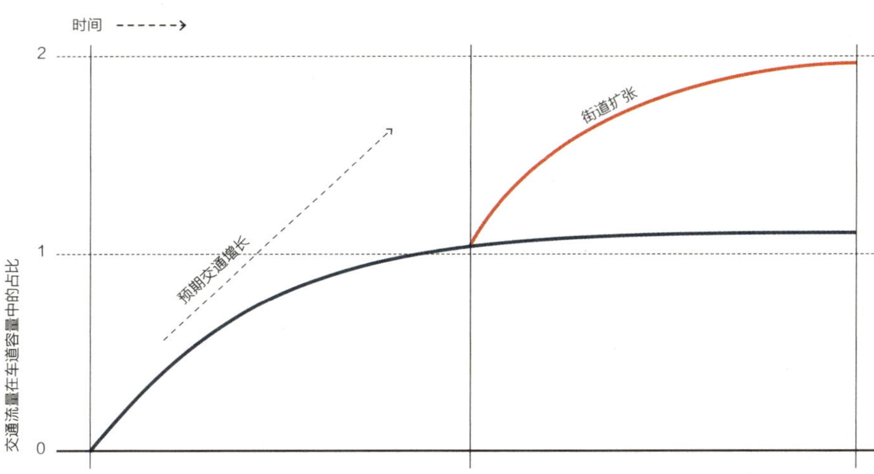

城市可以通过支持其他交通使用者（步行、骑行、公交出行、休息、商业零售等）的使用，来改变街道原有的模式，前提是这些改造会促进步行、骑行和当地零售业的发展。
来源：维多利亚交通政策研究所，《智能减缓拥堵》，2013年。

替代方法

为补充现存的交通模式，应考虑其他几种策略，这些策略可能带来对未来交通需求更精确的估测。

（1）比较性预测。

尽管许多地方都会推荐《美国交通工程师学会出行生成手册》，但在城市环境中，该手册的效用并不十分明显。为更好应对城市环境下的需求，大量的调查研究已经通过大学和美国各州交通部门进一步发展起来，为城市环境提供了准确的出行生成率。[12]

（2）增长估测。

在许多城市中，交通分析需要使用“增长因素”，这一因素反映了潜在的交通增长基准。增长因素通常由市政部门提供，并且以过去增长的移动平均值（通常为1%~2%）为基础。增长因素通常被认为是一种假定的积极因素，但由于最近的文化趋势带来的潜在不确定性，这一因素极其需要予以重新考虑。增长因素不应再严格地以多年度移动平均值为依据，因为近期的车辆行驶里程趋势已经显示出不稳定性（或正在下降）。1%~2%的增长预测因素看起来很小，却在采用这一因素的每一年都有巨大的累积作用。

（3）交通方式转变目标。

有几个美国城市（芝加哥、明尼阿波利斯、旧金山等）和州已经在设定的时间框架内达到了特定的交通方式目标。例如，马萨诸塞州交通运输部已经建立了一个目标，要把公交车、自行车和步行的出行量增至3倍。旧金山也建立了一个目标，到2018年，非机动车通行量要占总通行量的50%。这些目标都有既定目的，而且刺激了力求实现目标的各种项目的快速实施。这些类型的潜在纲领性计划转变虽然通常都没有明确地纳入交通模型工作，但可以作为更好地理解未来模式转换的基础。

（4）减少温室气体。

温室气体的排放量是严重影响未来交通需求改变的另一个潜在因素。美国的几个州已经认准了温室气体的目标，并筛选出几个更加切实可行的具体目标，如方式份额、汽车行驶里程的减少等内容。马萨诸塞州已经建立了目标，到2020年要减少25%的温室气体，到2050年减少50%的温室气体。[13]

（5）诱导出行需求估算。

如果一个项目需要提升街道容量，就应该把诱导交通需求看作是带来的负面外部效应。如果引发的交通需求超出当地政策的规定上限（如前面提到的交通方式转变），则应该调查通过其他非道路基础设施策略是否能够缓解交通。

性能评测指标

衡量一条特定街道或一片特定路网的性能表现是一个严谨而又难以完善的过程。一条街道对于某个使用群体来说运行状况良好，对于另一类群体来说就可能危机四伏，就像交叉路口，其中的某一点交通顺畅没有延迟，可能就掩盖了整个沿线交通的严重延迟。交通性能评测指标必须采取多学科的办法，从宏观和微观的层面，通过安全性、经济性和设计的视角，涵盖街道的所有使用者的目标和行为方式，来对城市街道加以审视。

不同的街道使用者所拥有的目标通常相左。自行车骑行者会抵触装卸货的车辆，行人会与车辆在拥堵的交叉路口争夺穿行街道的时间，而紧急车辆的响应时间又与社区对慢速交通和设置减速带的意愿相违背。城市街道设计必须致力于平衡这些不同的目标，制定相应策略权衡各方利益，寻求多赢。

发展整体性能评测指标需要对设计师试图解决的问题重新定义，同时也必须承认街道作为休息和停留的场所，与其作为移动通道的功能同样重要。虽然多模态的性能评测指标，如行人延迟，可能会改进以汽车为主的服务水平，但仅延迟这一项指标无法证明街道在除行人穿行能力之外是否适应。一条街道“行人通行延迟”时间较少，未必就是一条好的街道，尤其是如果街道上没有商业活动，没有供人们坐下休息的地方，或者没有遮阴树木等，就无法改善公共领域，因而也算不上好的街道。

行人

1 人们渴望有活力且充满变化的街道。充满活力的店面是以步行为主的设计形式，具有人性化的设计的街道有助于建立活跃而有经济活力的社区。活动对于行人领域来说是最重要的，另外公众安全性、充足的人行道宽度与合理的配置以及避雨遮阳设施情况等，共同决定了一条成功街道与一条乏味街道的天壤之别。

自行车骑行者

2 自行车设施应便捷、安全、直观，且与环境紧密结合。自行车骑行者希望有较高程度的连通性，以及适用于所有技能水平的自行车骑行者的通行系统，同时还要有尽可能少的车辆绕道和延迟。

自行车骑行者得益于安全的体验感觉和在车流环境中受到的保护。自行车道把自行车骑行者与车流有效分开，并且与交通网络中的信号配时和交叉路口设计良好协调，从而形成可达性较强的自行车网络的基础。

车辆

❸ 汽车驾驶员总是希望通行无阻，尽可能安全、快捷地到达目的地。街道限制进入，允许行驶速度较高，且较少遭遇冲突或意外，这些都对汽车通行有利。

由于行驶速度较快且总体质量较大，驾驶员在经过行驶中的其他机动车、自行车、公交车、卡车以及过街行人时，会感到很安全。尤其在高速行驶中，汽车驾驶员需要有充足的光线和引导标志，还要在他们的目的地处有充足的停车条件。

公交

❹ 公交服务水平可以通过行驶速度、便利程度、可靠性以及班次间隔来衡量。电车和公共汽车应便于乘客上、下车，使乘客乘坐舒适，且不过度拥挤。公交网络的总体可达性水平和路线范围应与实际需求相一致，这样才能在不牺牲服务质量的情况下满足服务需求。

货运

❺ 货运经营者总是希望能够尽可能轻松、快捷地把货物从产地运送到目的地。较高但不至于产生危险的行驶速度、方便装卸货的路缘便道或便于装卸货的泊位，以及交通系统整体的安全性等，这些都对货车运输有利。

紧急车辆

紧急情况的急救人员负责尽快处理犯罪、车祸、火灾等其他紧急事态。紧急救援路线应具有安全性及较强的可预测性，应尽量减少与其他车辆、自行车或行人的冲突，以及目的地有简便直接的入口，这些都会提升他们的工作效率。

服务水平

服务水平衡量汽车驾驶员在交叉路口（或在交叉路口中一条特定车道）中遇到的延误，按照从A（最小延迟）到F（最大延迟）划分等级。新开发或街道重新配置可能在个别交叉路口产生潜在影响，服务水平就是用来表示这种潜在影响。根据服务水平数据，可以评估一个项目在20~30年的时间框架内预期拥堵的严重程度的发展情况。

服务水平对项目的潜在效益产生影响，但并不足以赢得项目的潜在效益。作为一种评测指标，其模态单一，所衡量的不是街道的经济活力和社会活力，而是其处理机动车辆的能力。

服务水平是可用于评测城市交通状况的众多手段之一，但不应该是唯一的手段。城市应致力于把多样化、整体化的性能评测指标纳入开发审查过程，其中包括反映潜在效益以及把控风险的评测指标。

可供选择的性能评测指标

通常鼓励城市使用或采纳多种多样的手段，以便补充或替代作为交通性能评测手段的服务水平指标。以下是城市在评测街道状况时采用的一些手段。

行人

- 安全性：车祸、受伤和死亡率（通常基于官方记录）；
- 行人服务水平指标（《公路容量指南》）；
- 公众生活状况调查；
- 步行状况评价（可步行性等级）；
- 步行环境质量指数；
- 交叉路口的最低延迟；
- 步行交通流量

自行车骑行者

- 安全性，如车祸记录、受伤和死亡情况；
- 自行车交通服务水平指标（《公路容量指南》）；
- 通行时间和延迟；
- 自行车环境质量指数；
- 自行车计数

车辆

- 服务水平指标；
- 通行时间；
- 交通廊道影响分析；
- 安全性：车祸记录、受伤和死亡

公交

- 准点率；
- 平均速度；
- 收入成本比；
- 营业期间每小时乘客量；
- 每小时运营成本

货运

- 每小时货运量；
- 装卸货所用时间

紧急车辆

- 响应时间

可持续性

- 美国绿色建筑协会的邻里社区发展计划；
- 星级；
- 绿道

多模态

- 多模态服务水平指标；
- 零售业收入与商业增长

服务水平：A级

服务水平：F级

案例研究

许多社区已经选择以广泛的目标调整交通性能评测指标，其中包括经济增长、公共健康、可持续性发展以及交通方式转变。

华盛顿特区：采纳包容性交通性能评测指标

既是项目评估工具，也是基准测试工具，服务水平指标以外的性能评测指标是地区街道项目核心。城市基于5个主要目标对投资不足的交通廊道复兴工程进行跟踪调查，这5个目标是：经济良性发展、安全且多模式的交通、社区建造、历史资产以及可持续性设计。[1]

芝加哥：减少对服务水平指标的依赖

芝加哥的《完整街道手册》（2013年）抛弃了服务水平指标模式。该手册建议不要使用最小车辆的服务水平指标，优先考虑行人服务水平指标，这就把所有行人通行延迟均降至60秒以下。[2]

旧金山：逐步淘汰服务水平指标

旧金山在2002年采用《交通可持续性发展计划》。这一政策要求逐步取消服务水平指标、简化项目开发审查过程，并取消向开发商征收交通发展影响费，代之以交通可持续发展费。交通可持续发展费通过开发项目交费，用于支持公交、步行和自行车项目，从而减少了车辆出行。[3]

功能分类

功能分类是一个排序体系，规定了“任何一条具体的道路或街道在整个公路网络通行流动中应该发挥的作用”。功能分类根据道路的各方面性能对其进行划分，包括：使车辆顺畅通行；为毗邻产业提供入口。根据功能分类，街道类型包括“小街”、中等规模“支路”以及公路式的“干道”。

许多城市街道的建设都先于联邦公路功能分类体系的出现，使得这一体系并不适合整个城区多样化的土地利用和通行特点。某些分类类型使街道符合公路援助的条件，然而一旦规定了某条街道的分类，未考虑过当地环境背景的联邦设计标准就可能在这条街道上予以实施，并且做任何变更都需要进行特例设计。

讨论

城市街道是复杂的场所，这里的功能分类方案，无论来自州政府机构还是来自联邦公路管理局，作为设计的基础，通常都过于限制了设计能力，无法实现生活品质、流动性以及城市活力方面的社会和经济目标。在采用这样的州政府或联邦标准前，应该根据城市环境进行调整，只有这样，城市决策者才能保持其灵活性，使街道成为促进公共领域在社会和经济方面繁荣的积极因素。

许多城市利用某种形式的街道分类，以便为利益相关者和开发商提供一套标准的街道横断面形式，指导新的开发和更新活动。这些标准规定了街道建设的种种要求，也为人行道、路缘石和建筑退线规定了尺寸。由联邦机构划定的功能类别通常应用于国家系统街道，也结合了某些城市使用的设计导则。

即使完全更新，分类方案本身也不足以作为多样化环境的设计手段，来应对各种城市街道。每个项目也应该根据具体情况进行处理。在某些情况下，城市可选择改变街道的分类级别，以更好地符合社区的未来愿景。

更新的街道设计标准应与全市范围的安全、经济增长、发展以及城市设计等方面的目标联系起来。这些标准应力求捕捉到建成区域和周边街景之间独一无二的地域性关系，涵盖不同尺度下的汽车驾驶员、自行车骑行者和行人与各条街道以及整体街道网络的相互作用。这就需要在城市干道中设置人行道，强化特殊地段街道改造的质量，并通过控制通往物业的入口，以便减少车道交通与行人之间的冲突。

分类方案本身不足以作为应对城市街道中各种状况的设计工具。

许多城市已经有针对自己当地需求的、成熟的街道分类系统。这些分类系统通常由2~3个指导政策决定的变量组成：

- 街道类型与用途；
- 城市设计环境与建成环境；
- 叠合性，包括优先权模式、特殊用途以及历史名称。

街道	环境背景	叠合性
大道	商业区	乡村线路
林荫大道	工业区	州际线路
街道	居住区	
干道	城市	卫生线路
中等容量支路	城镇	雪线
小街	乡村	卡车线路
巷道	校园	仪式路线
车道	文化设施	经济适用
主路	公共设施	历史性
		美观
连接通道	交通枢纽	自行车优先
主要线路	通道	车行优先
多模式街道	行政区	行人优先
通路	城市中心	公交优先
公交线		
机动车为主的道路	低密度	家庭区
一般街道	购物场所	行人区
多模式街道	复合功能	公交导向
绿色道路	邻里街区	
散步路线	公园	
步行路	城市	
共享街道	工作场所	
慢行道		

旧金山街道优化规划

2010年12月，旧金山的城市监督委员会采纳了一部新的综合性街道设计指南，其中包括开发商的要求，名为“街道优化计划”。该计划改变了大量的城市规范，以利于在城市街道中实施采用的导则。路面通行空间的任何变化都必须遵从新标准，其中包括必要的人行道宽度、行道树以及交叉路口设计样式等。所有设计导则分别对应一系列的街道类型模式，这些模式共同构成街道类型和土地利用的背景环境。

旧金山的街道类型模式

- 公园路
- 公园边界
- 林荫大道
- 仪式通道（市民街道）
- 商业中心大街
- 中心区商业街
- 中心区居住区街道
- 邻里街区商业街
- 居住区通道
- 混用街道
- 工业区街道
- 公共共享街道
- 散步街道
- 巷道

注释

街道

街道设计原则

1 Richard Campbell and Margaret Wittgens, "The Business Case for Active Transportation: The Economic Benefits of Walking and Cycling," (Gloucester, ON: Go For Green, 2004).

Kelly Clifton, Christopher Muhs, Sara Morrissey, Tomás Morrissey, Kristina Currans, and Chloe Ritter, "Consumer Behavior and Travel Mode Choices," (Portland: Oregon Transportation Research and Education Consortium, 2012).

城市中心区双行道

1 *Urban Freight Case Studies* (Washington, D.C.: USDOT, Federal Highway Administration Office of Freight Operations and Management, 2009)

"Loading and Delivery Management," *Better Market Street—Existing Conditions and Best Practices*, (San Francisco: City of San Francisco, 2011).

邻里街区的主要街道

1 *Evaluation of Lane Reduction 'Road Diet' Measures and Their Effects on Crashes and Injuries* (Washington, D.C.: Federal Highway Administration, Highway Safety Information System, 2010).

2 Nikiforos Stamatiadis and Adam Kirk, "Guidelines for Road Diet Conversions," (University of Kentucky, 2012).

3 Dan Burden and Peter Lagerwey, "Road Diets: Fixing the Big Roads," (Walkable Communities, Inc., 1999).

4 Cullen McCormick, "York Blvd: The Economics of a Road Diet," (2012).

邻里街区街道

1 Raised crosswalks have been shown to increase motorists' yield rate by as much as 45%.

"Raised Pedestrian Crosswalks," *Safe Routes to Schools Guide* (Safe Routes to School, 2012).

收费街道

1 For additional research on yield streets and skinny streets, see:

James M. Daisa and John B. Peers, "Narrow Residential Streets: Do They Really Slow Down Speeds," (Washington, D.C.: Institute for Transportation Engineers, 1987).

林荫大道

1 For further information about traffic control and operations on multiway boulevards, see:

Designing Walkable Urban Thoroughfares: A Context Sensitive Approach, (Washington, D.C.: Institute of Transportation Engineers, 2010), 82.

社区林荫路

1 See "Bicycle Facility Evaluation," (District Department of Transportation, Washington, D.C.: 2012) for a case study of median bike lanes installed on Pennsylvania Avenue.

公交走廊

1 International cities with successful Bus Rapid Transit systems have played an instrumental role in shaping land use around transit corridors to ensure incentives for transit-oriented development.

Martha Panero, "Peer to Peer Information Exchange on Bus Rapid Transit (BRT) and Bus Priority Best Practices" (Washington, D.C.: Federal Transit Administration, 2012).

2 A.W. Agrawa, T. Goldman, and N. Hannaford, "Shared-Use Bus Priority Lanes on City Streets: Case Studies in Design and Management," Mineta Transportation Institute, Report 11-10 (2012).

"Designing Bus Rapid Transit Running Ways," (Washington, D.C.: American Public Transportation Association, 2010).

3 Shireen Chada and Robert Newland, "Effectiveness of Transit Signal Priority," National Center for Transit Research (2012).

Harriet Smith et al., "Transit Signal Priority: A Planning and Implementation Handbook," (Washington, D.C.: Federal Transit Administration, 2005).

绿化街巷

1 Chicago's Green Alley Handbook provides guidance on alleyway design and suggestions for green alley adjacent properties.

The Chicago Green Alley Handbook, (Chicago: Chicago Department of Transportation, 2010).

Seattle's *Integrated Alley Handbook* estimates that the city contains 217,500 square feet of alleys, of which 85% are underused. This handbook provides excellent alley prototypes based on a variety of land uses. For more information, see:

Mary Fialko and Jennifer Hampton, *Seattle Integrated Alley Handbook: Activating Alleys for a Lively City*, (Seattle: University of Washington, 2011).

2 The City of Baltimore's Alley Gating and Greening Program enables neighbors adjacent to an alleyway to decide if they would like to partially or fully close the alleyway for greening projects.

"Alley Gating & Greening Program," City of Baltimore, accessed May 31, 2013, http://www.baltimorecity.gov/Government/AgenciesDepartments/GeneralServices/AlleyGatingGreeningProgram.aspx.

3 The U.S. Environmental Protection Agency provides a wealth of literature related to green infrastructure, including bioswales, rain gardens, and other techniques for reducing the impact of large quantities of water during storms. For more information see the EPA's website on Green Infrastructure.

"What is Green Infrastructure?," U.S. Environmental Protection Agency, accessed May 31, 2013, http://water.epa.gov/infrastructure/greeninfrastructure/index.cfm.

The City of Seattle's Street Edge Alternative Program's primary objective is to restore natural drainage patterns to manage stormwater and prevent flooding. The program achieves these objectives through the reduction of impervious surfaces and increases in planting and other natural elements.

"Street Edge Alternatives," City of Seattle, accessed May 31, 2013, http://www.seattle.gov/util/environmentconservation/projects/drainagesystem/greenstormwaterinfrastructure/completedgsiprojects/streetedgealternatives/.

4 *Street and Site Plan Design Standards*, (Chicago: Department of Transportation, 2007), 23.

商业街巷

1 The San Francisco Better Streets Plan considers raised crosswalks at alleyways and shared public ways a standard treatment.

San Francisco Better Streets Plan (San Francisco: City of San Francisco: 2012), 53

社区共享街道

1 Winthrop Street and Palmer Street in Cambridge, MA use benches and bollards to provide rough delineation along the traveled way portion of a shared street.

2 Warning strips enable a visually impaired individual to recognize that he or she is entering a space that may include vehicles.

"Shared Use Path Accessibility Guidelines," *Federal Register Vol. 76, No. 59* (2011), 17069-17070.

3 Chicanes can be created through physical elements (street furniture, trees) or visual elements (pavers), but should not impede pedestrian travel through a shared street.

San Francisco Better Streets Plan (San Francisco: City of San Francisco: 2012), 86.

商业区共享街道

1 The first pedestrian-only outdoor mall opened in Kalamazoo, MI, in 1959. For case studies of early pedestrian malls, see:

Roberto Brambilla and Gianni Longo, *For Pedestrians Only: Planning, Design, and Management of Traffic-free Zones*, (New York: Whitney Library of Design, 1977).

2 The *San Francisco Better Streets Plan* provides guidance on "channels" and "runnels" that may be suitable for center street drainage.

"Channels and Runnels," San Francisco Better Streets: A Guide to Making Street Improvements in San Francisco, accessed May 21, 2013, http://www.sfbetterstreets.org/find-project-types/greening-and-stormwater-management/stormwater-overview/channels-and-runnels/.

3 "Transit Mall Case Studies," (San Francisco County Transportation Authority).

街道设计元素

车道宽度

1 Theo Petrisch, "The Truth about Lane Widths," *The Pedestrian and Bicycle Information Center*, accessed April 12, 2013, http://www.bicyclinginfo.org/library/details.cfm?id=4348.

2 Research suggests that lane widths less than 12 feet on urban and suburban arterials do not increase crash frequencies.

Ingrid Potts, Douglas W. Harwood, and Karen R. Richard, "Relationship of Lane Width to Safety on Urban and Suburban Arterials," (paper presented at the TRB 86th Annual Meeting, Washington, D.C., January 21-25, 2007).

Relationship Between Lane Width and Speed, (Washington, D.C.: Parsons Transportation Group, 2003), 1-6.

3 Eric Dumbaugh and Wenhao Li, "Designing for the Safety of Pedestrians, Cyclists, and Motorists in Urban Environments." *Journal of the American Planning Association* 77 (2011): 70.

Previous research has shown various estimates of the relationship between lane width and travel speed. One account estimated that each additional foot of lane width related to a 2.9 mph increase in driver speed.

Kay Fitzpatrick, Paul Carlson, Marcus Brewer, and Mark Wooldridge, "Design Factors That Affect Driver Speed on Suburban Arterials": *Transportation Research Record* 1751 (2000): 18-25.

Other references include:

Potts, Ingrid B., John F. Ringert, Douglas W. Harwood and Karin M. Bauer. *Operational and Safety Effects of Right-Turn Deceleration Lanes on Urban and Suburban Arterials.* Transportation Research Record: No 2023, 2007.

Macdonald, Elizabeth, Rebecca Sanders and Paul Supawanich. *The Effects of Transportation Corridors' Roadside Design Features on User Behavior and Safety, and Their Contributions to Health, Environmental Quality, and Community Economic Vitality: a Literature Review.* UCTC Research Paper No. 878. 2008.

4 Longer crossing distances not only pose as a pedestrian barrier but also require longer traffic signal cycle times, which may have an impact on general traffic circulation.

人行道

1 A 2003 newsletter of "Let's Talk Business" cited several economic benefits of walkable communities, including a case study from Lodi, CA that cited how pedestrian improvements paired with economic development incentives dropped the retail vacancy rate from 18% to 6% and also resulted in a 30% increase in downtown sales tax revenues.

Bill Ryan, "Let's Talk Business: Ideas for Expanding Retails and Services in Your Community," *UW Extension*, July 2003.

A 2011 research study titled *Examining Walkability and Social Capital as Indicators of Quality of Life at the Municipal and Neighborhood Scales* used a case study approach between three communities in New Hampshire. Comparisons between the more walkable and less walkable neighborhoods show that levels of social capital are higher in more walkable neighborhoods.

Shannon H. Rogers, John M. Halstead, Kevin M. Gardner, and Cynthia H. Carlson, "Examining Walkability and Social Capital as Indicators of Quality of Life at the Municipal and Neighborhood Scales," *Applied Research Quality of Life* 6 (2010): 201-213.

2 Examples of higher standards for sidewalks include downtown Washington, D.C. (16 foot + 6 foot buffer), Chicago (varies between 10-12 feet depending on context), San Francisco (9-17 feet depending on context), Boston (target varies, but minimum is 7 feet for several street types).

3 As an example, Washington, D.C.'s *Design Engineering Manual* states that a sidewalk should exist on both sides of every street or roadway.

Design and Engineering Manual (Washington, D.C.: D.C. Department of Transportation, 2009): 29-3.

4 Joe Cortright, *Walking the Walk: How Walkability Raises Housing Values in U.S. Cities* (Chicago: CEOs for Cities, 2009).

5 Paul D. Thompson, Kevin M. Ford, Arman Mohammad, Samuel Labi, Arun Shirolé, and Kumares Siuha. *NCHRP Report 713: Estimating Life Expectancies of Highway Assets. Volume 1: Guidebook.* (Washington, D.C.: Transportation Research Board, 2012).

6 Federal Highway Administration, "Sidewalk Corridor Width," *Designing Sidewalks and Trails for Access* (Washington, D.C.: FHWA, 2001).

7 According to the American Disabilities Act, the minimum sidewalk width at bus stop loading points should be 8 feet to ensure clear boarding and alighting. The location of a bus shelter, bench, or other permanent fixtures should ensure a 3-foot clear path for pedestrian travel. However, 3 feet is not the recommended width for sidewalks, it is the absolute minimum needed to ensure a clear path of travel when obstacles exist in the sidewalk.

Americans With Disabilities Act of 1990.

8 "Where sidewalks are placed adjacent to the curb, the widths should be approximately 6 m [2 ft.] wider than the minimum required width. This additional width provides space for roadside hardware and snow storage outside the width needed by pedestrians."

A Policy on Geometric Design of Highways and Streets, 6th Edition (Washington, D.C.: AASHTO, 2011).

9 AASHTO's Roadside Design Guide defines a "clear zone as the total roadside border area, starting at the edge of the traveled way, available for safe use by errant vehicles. This area may consist of a shoulder, a recoverable slope, a non-recoverable slope, and/or a clear run-out area."

Roadside Design Guide, 4th Edition (Washington, D.C.: AASHTO, 2011).

10 In urban areas, the presence of fixed roadside objects (such as trees) is correlated with lower crash frequencies. This suggests that roadside objects in urban areas may actually enhance safety (by increasing driver caution and reducing speeds). As referenced in Eric Dumbaugh, "Safe Streets, Livable Streets," *Journal of the American Planning Association* 71 (2005): 295.

11 The AASHTO Green Book suggests a minimum offset distance of 1.5 feet between the face of the curb to the nearest fixed object off the roadway.

A Policy on Geometric Design of Highways and Streets, 6th Edition (Washington, D.C.: AASHTO, 2011).

路缘扩展带

1 Randal S. Johnson, *Pedestrian Safety Impacts of Curb Extensions: A Case Study* (Corvallis: Oregon State University, 2005).

2 Relocation can be costly. The city of San Francisco estimates the expense of relocating a fire hydrant at between $40,000-70,000. Allowing hydrants to remain in place offers cost savings. NYC DOT recommends curb extensions in front of hydrants to guarantee access where illegal parking is an issue, thereby benefiting emergency services.

Street Design Manual (New York: New York City Department of Transportation, 2009), 65.

San Francisco Better Streets Plan (San Francisco, 2010).

"Crossing Enhancements," Walking Info, accessed June 3, 2013, http://www.walkinginfo.org/engineering/crossings-enhancements.cfm.

"Traffic Calming Design Guidelines," New York City Department of Transportation, accessed June 3, 2013, http://www.nyc.gov/html/dot/html/pedestrians/traffic-calming.shtml.

3 In San Francisco, bus bays are being replaced with bus bulbs. Analysis shows that the bus bulbs increased vehicle and bus speeds between 7–46%. Experience in a variety of cities shows that bus bulbs combined with signal priority and automobile turn restrictions may significantly improve transit operating efficiency.

Kay Fitzpatrick, Kevin M. Hall, Stephen Farnsworth, and Melisa D. Finley: *TCRP Report 65: Evaluation of Bus Bulbs* (Washington, D.C.: Transportation Research Board, 2001), 2.

4 Length and width of bus bulbs varies based on street geometry, vehicle types, and urban context. Thirty-foot bus bulbs are widely used for non-articulated buses operating two doors. Longer extensions may be required for articulated buses and shorter bulbs may be possible for buses operating a single door. In Portland, Oregon, all bus bulbs are 6 feet wide to provide a 2-foot "shy zone" between the bulb and the travel lane.

Kay Fitzpatrick et al., *TCRP Report 65: Evaluation of Bus Bulbs* (Washington, D.C.: Transportation Research Board, 2001), 5.

5 Cities adopt different interior radii based on street sweeping, snow removal, and design priorities. Wide, curving radii, where space allows, facilitate street cleaning. Sharper angles preserve more on-street parking. Forty-five-degree return angles allow for cleaning and preserve parking.

San Francisco Better Streets Plan (San Francisco: City of San Francisco, 2010), 5.3.

Best Practices for Pedestrian Master Planning and Design (Sacramento: Sacramento Transportation & Air Quality Collaborative, 2013), 14–15.

垂直限速设施

1 For example, many speed hump programs prepare by clocking vehicle speeds and determining the 85th-percentile speeds in relation to the desired speed before installation takes place.

City of Redwood City Policy and Guidelines for Speed Hump Use (Redwood: Redwood City Community Development Services, 1997).

2 NYC DOT takes applications for Slow Zones, projects that reduce the speed limit from 30 to 20 mph in residential areas, adding design and signage elements that enforce these lower speeds. Slow Zones typically measure 5 blocks by 5 blocks, or a quarter square mile.

"Neighborhood Slow Zones," New York City Department of Transportation, accessed June 3, 2013, http://www.nyc.gov/html/dot/html/about/slowzones.shtml.

3 Portland installs 22-foot speed humps on streets with 85th-percencile speeds of 35–45 mph.

"Speed Bumps," *Bureau of Traffic Management Traffic Manual* (Portland: Portland Bureau of Transportation).

4 In one case study in King County, WA, the fire department found cushions minimized response time increases as compared to other traffic calming devices.

Kevin Chang and Matthew Nolan, *An Evaluation of Speed Cushions on Neighborhood Streets: Balancing Emergency Vehicle Mobility With Traffic Calming Needs* (Washington, D.C.: Institute for Transportation Engineers, 2006).

公交街道

1 King County Metro is implementing bus-only lanes on a portion of Route 120, one of its top 10 busiest routes, with 7,000 daily boardings.

"Improving Route 120," Metro Transit, accessed May 30, 2013. http://metro.kingcounty.gov/have-a-say/projects/route120/.

VTA in Vallejo, CA adopted service design guidelines with metrics such as boardings per revenue hour to transition local bus to BRT.

Bus Rapid Transit Service Design Guidelines (San Jose: Santa Clara Valley Transportation Authority, 2007).

2 The New York City Department of Transportation, in partnership with New York City Transit (NYCT), the Metropolitan Transportation Authority, and City Council members, successfully lobbied the state for legislation allowing installation of bus lane enforcement cameras as part of the new Select Bus Service (SBS), which has red-painted bus-only lanes. The SBS system uses two types of cameras. Fixed video cameras were installed on two routes beginning in November 2010. NYC DOT watches the footage and reports violations. Currently, NYCT is piloting cameras mounted on buses that take photos. Since SBS vehicles run on very short headways of 3–4 minutes, if a vehicle shows up on the two consecutive vehicles' cameras, a violation is recorded.

3 William Carry et al., "Red Bus Lane Treatment Evaluation," Institute for Transportation Engineers (Washington, D.C.: 2012).

4 For additional information about ADA requirements at transit facilities, please see:

"Bus Stops and Terminals," in *Accessibility Guidelines for Buildings and Facilities* (Washington, D.C.: Access Board: 1998).

5 For example, TriMet in Portland recommends shelters at stops with 50 or more weekday boardings.

"Bus Stop Guidelines," (Portland: TriMet, 2012).

6 Michigan standards call for 115–230 feet between unsignalized intersections and driveways:

"Standards for Access, Non-Motorized, and Transit," in *Washtenaw County Access Management Plan* (Ann Arbor: Michigan Department of Transportation 2008), 23.

雨洪管理

1 "Low Impact Development (LID)," U.S. Environmental Protection Agency, accessed June 3, 2013, http://water.epa.gov/polwaste/green.

Noah Garrison and Karen Hobbs, *Rooftops to Rivers II: Green strategies for controlling stormwater and combined sewer overflows* (Washington, D.C.: National Resources Defense Council, 2011).

"Managing Urban Runoff," U.S. Environmental Protection Agency, accessed June 3, 2013, http://water.epa.gov/polwaste/nps/urban.cfm.

2 "Chapter 3: Fundamentals of Stormwater Management," *New Hampshire Stormwater Manual* (Concord: New Hampshire Department of Environmental Services, 2006).

3 "Deconstructing Green Infrastructure," Erosion Control, accessed June 3, 2013, http://www.erosioncontrol.com/EC/Articles/Deconstructing_Green_Infrastructure_17226.aspx.

4 "Why Green Infrastructure," U.S. Environmental Protection Agency, accessed June 3, 2013, http://water.epa.gov/infrastructure/greeninfrastructure/gi_why.cfm.

5 Jeffrey Odefey et al., *Banking On Green: A Look at How Green Infrastructure Can Save Municipalities Money and Provide Economic Benefits Community-wide* (American Rivers, Water Environment Federation, American Society of Landscape Architects, and ECONorthwest, 2012).

6 *Green City, Clean Waters: Green Infrastructure Maintenance Manual Development Process Plan* (Philadelphia: Philadelphia Water Department, 2012).

7 *Evaluation of Urban Soils: Suitability for Green Infrastructure or Urban Agriculture*, (Washington, D.C.: U.S. Environmental Protection Agency, 2011).

8 Nevue Ngan Associates et al. *Stormwater Management Handbook*, (Washington, D.C.: U.S. Environmental Protection Agency, 2009), Chapters 5-6.

9 "Permeable Pavement Systems," *Draft District of Columbia Stormwater Management Guidebook*, (Washington, D.C.: District Department of the Environment, 2012).

临时性设计策略

路缘迁移

1 Drew Meisel, *Bike Corrals: Local Business Impacts, Benefits, and Attitudes* (Portland: Portland State University, 2010).

街边休息区

1 UCLA Luskin School of Public Affairs, *Reclaiming the Right of Way* (Los Angeles: University of California Los Angeles, 2012), 148.

2 Parklet permit costs range from $1,000-2,000.

San Francisco Parklet Manual (San Francisco: San Francisco Planning Department, 2013).

Parklet FAQ (San Francisco: San Francisco Planning Department, 2013).

3 The Great Streets Project conducted a study in 2011 about the impacts of San Francisco parklets that found generally positive results relating to economics.

Liza Pratt, *Parklet Impact Study* (San Francisco: SF Great Streets Project, 2011).

4 *Reclaiming the Right of Way* (Los Angeles: UCLA Luskin School of Public Affairs, University of California Los Angeles, 2012), 109.

5 For a comparison of various cities parklet standards, see:

Reclaiming the Right of Way (Los Angeles: UCLA Luskin School of Public Affairs, University of California Los Angeles, 2012), 87.

6 *Philadelphia Parklet Program Guidelines* (Philadelphia: Mayor's Office of Transportation & Utilities, 2013).

临时性封闭街道

1 *Pedestrian & Transit Malls Study* (Memphis: Center City Commission, 2008).

NYC DOT's report *Measuring the Street* found that various public space initiatives resulted in a 172% increase in retail sales.

Measuring the Street: New Metrics for 21st Century Streets (New York: New York City Department of Transportation, 2012).

2 A *Journal of Urban Health* study examined the costs and health benefits of four Ciclovia events. The study found that benefits—in terms of economy and health—far outweigh the cost of the event. This is mostly because such events utilize existing infrastructure and are often the result of partnerships between public and private agencies.

Felipe Montes et al., "Do Health Benefits Outweigh the Costs of Mass Recreational Programs? An Economic Analysis of Four Ciclovia Programs," *Journal of Urban Health: Bulletin of the New York City Academy of Medicine*, 89:1 (2011).

Many health care providers have sponsored open street events. Blue Cross Blue Shield of Minnesota sponsored Open Streets events in 7 communities.

Blue Cross and Blue Shield of Minnesota, "Blue Cross expands "Open Streets" events to seven Minnesota communities in 2012."

3 For a compendium of case studies on open streets programs, see:

The Open Streets Guide (New York: Street Plans and Alliance for Biking & Walking, 2012).

临时性公共广场

1 *Measuring the Street: New Metrics for 21st Century Streets* (New York: New York City Department of Transportation, 2012).

2 *Street Design Manual*, (New York City: New York City Department of Transportation, 2009), Ch. 3.

3 The Madison Square public plaza in New York City is maintained by the Flatiron/23rd Street Partnership and the Madison Square Conservancy. Staff removes tables and chairs each night to prevent theft and clean the space.

Sabina Mollot, "Flatiron street to become pedestrian plaza," Flatiron 23rd Street Partnership, accessed June 3, 2013, http://www.flatironbid.org/documents/flatiron_triangles.pdf.

交叉路口设计元素

街角半径

1 A literature review of the topic of curb radius and injury severity at intersections points out that "larger radii are less safe for bicycles and pedestrians because they allow for higher vehicle speeds through the turn and result in larger crossing distances."

Kendra K. Levine, *Curb Radius and Injury Severity at Intersections* (Berkeley: Institute of Transportation Studies Library, 2012), 2.

2 Research has shown that large trucks will have "little impact" at most urban intersections, but some adverse operational effects should be expected at some intersections.

Joseph E. Hummer, Charles V. Zegeer, and Fred R. Hanscom, *Effects of turns by larger trucks at urban intersections,* (Charlotte, N.C.: Transportation Academy, Dept. of Geography and Earth Sciences, University of North Carolina at Charlotte, 1988).

3 Kay Fitzpatrick and William Schneider, *Turn speeds and crashes within right-turn lanes*, (College Station, Tex: Texas Transportation Institute, Texas A&M University System, 2005).

4 In infrequent instances where large vehicles need to make turning movements, personnel may be needed to direct traffic and "spot" the turning vehicle through a tight turning movement.

5 Roadway striping has been found to be a cost-effective temporary measure to help enforce traffic calming goals and modify driver behavior.

Robert Kahn and Allison Kahn Goedecke, "Roadway striping as a traffic calming option," *ITE Journal*: 81 (September 2011).

可见度和视距

1 Vehicle codes state that drivers must yield to drivers on the right, which necessitates slowing down.

City of Portland, Oregon, "Uncontrolled Intersections and You," accessed June 3, 2013, http://www.portlandoregon.gov/transportation/article/284482.

2 Parking is typically restricted within 10-25 feet of a crosswalk. San Francisco uses 10 feet; New Jersey adopted 25 feet within a marked or unmarked crosswalk.

New Jersey, *New Jersey statutes annotated: Title 39 :4 Motor vehicles and traffic regulation.*

FHWA Safety Program, "Remove/Restrict Parking," accessed June 3, 2013, http://safety.fhwa.dot.gov/saferjourney/library/countermeasures/56.htm.

3 San Francisco standards allow trees 25 feet from the near-side and 5 feet from the far-side curbs.

"Guidelines for Planting Street Trees," San Francisco Department of Public Works, accessed June 3, 2013, http://www.sfdpw.org/Modules/ShowDocument.aspx?documentid=622.

Elizabeth Macdonald, Alethea Harper, Jeff Williams, and Jason A. Hayter, *Street trees and Intersection Safety*, (Berkley: Institute of Urban and Regional Development, University of California at Berkeley, 2006).

4 Pedestrian scale lighting may be added to existing vehicle poles or between poles.

Complete Streets Complete Networks—A Manual for the Design of Active Transportation (Chicago: Active Transportation Policy, 2012).

Spacing depends upon existing lighting available, roadway width, and quality of lighting, but in general lighting every 50 feet provides a secure nighttime walking atmosphere.

Project for Public Spaces, "Lighting Use & Design," accessed June 3, 2013, http://www.pps.org/reference/streetlights/.

交通信号

1 A.C. Fayish and Frank Gross, "Safety effectiveness of leading pedestrian intervals evaluated by a before-after study with comparison groups," *Transportation Research Record No. 2198* (2010): 15-22.

2 Ron Van Houten, Ralph Ellis, and Jin-Lee Kim, "Effects of Various Minimum Green Times on Percentage of Pedestrians Waiting for Midblock "Walk" Signal," *Transportation Research Record No. 2002* (2007).

3 When actuated, the direction of travel with a green phase should be given ample time to safely change from green to yellow then red. The amount of time for the yellow change interval is dependent on approach speed (presumably 25 mph or less), which would require 3 seconds. The time that should be given for the clearance interval (red signal for all legs of intersection) is dependent on the approach speed and intersection width. An approach speed of 25 mph and an intersection width of 70 feet would recommend a clearance interval of 2.5 seconds.

James A. Bonneson, Srinivasa R. Sunkari, and Michael P. Pratt, *Traffic signal operations handbook* (College Station: Texas Transportation Institute, 2009).

4 Harriet R. Smith, P. Brendon Hemily, and Miomir Ivanovic. *Transit signal priority (TSP): A Planning and Implementation Handbook* (Washington, D.C.: ITS America, 2005).

设计控制参数

设计控制参数

1 Eric Dumbaugh and Wenhao Li, "Designing for the Safety of Pedestrians, Cyclists, and Motorists in Urban Environments," *Journal of the American Planning Association.* 77:1 (2011): 69-88.

In 2010, 4,280 pedestrians were killed—an increase of 4% from 2009. Approximately 70,000 pedestrians were injured in 2010.

Traffic Safety Facts—2010 Data (Washington, D.C.: National Highway Traffic Safety Administration, 2012).

设计速度

1 "Pedestrian Safety Review: Risk Factors and Countermeasures," (Salt Lake City: Department of City & Metropolitan Planning, University of Utah; School of Public Health and Community Development, Maseno University: 2012).

2 A. Bartmann, W. Spijkers and M. Hess, "Street Environment, Driving Speed and Field of Vision" Vision in Vehicles III (1991).

W. A. Leaf and David F. Preusser. *Literature review on vehicle travel speeds and pedestrian injuries.* (Washington, D.C.: U.S. Dept. of Transportation, National Highway Traffic Safety Administration, 1999).

Reaction plus braking distance is based on numerous factors, including the conditions of the roadway, slope, and other unique elements.

Ireland Road Safety Authority, "Stopping distances for cars," accessed June 3, 2013, www.rulesoftheroad.ie/rules-for-driving/speed-limits/speed-limits_stopping-distances-cars.html.

University of Pennsylvania School of Engineering, "Vehicle Stopping Distance and Time," accessed June 3, 2013, www.seas.upenn.edu/~ese302/lab-content/STOPPING_DISTANCE_DOC.pdf.

Driving Test Success, "Stopping Distances," accessed June 3, 2013, www.drivingtestsuccess.com/tests/stopping-distances.

3 Rosén E., and U. Sander. "Pedestrian fatality risk as a function of car impact." (*Accident; Analysis, and Prevention* 41, 2009), 536-542.

4 *Designing Walkable Urban Thoroughfares: A Context Sensitive Approach* (Washington, D.C.: Institute of Transportation Engineers, 2010), Chapter 7.

5 *Relationship Between Lane Width and Speed: Review of Relevant Literature* (Parsons Transportation Group, 2003).

设计车辆

1 *A Policy on Geometric Design of Highways and Streets,* (Washington, D.C.: AASHTO, 2011), Section 2-1.

2 Kendra K. Levine, *Curb Radius and Injury Severity at Intersections* (Berkeley: Institute of Transportation Studies Library, 2012).

3 Most state vehicle codes stipulate that drivers should turn right "as close as practical" to the right-hand curb or edge of the roadway. "Practical" is not defined and the code does not ban use of multiple lanes to complete a turn if needed. For example, see:

Illinois General Assembly, "625 ILCS 5/ Illinois Vehicle Code," *Illinois Compiled Statues* (Springfield).

4 Curb extensions can improve emergency vehicle access by keeping the intersection clear of parked cars.

FHWA Safety Program, "Traffic Calming," accessed June 3, 2013. http://safety.fhwa.dot.gov/saferjourney/library/countermeasures/23.htm.

Emergency vehicle codes require ambulances and fire trucks to slow down at intersections and remain alert for other users. For example, see:

Illinois General Assembly, "625 ILCS 5/ Illinois Vehicle Code, Section 11-205," in *Illinois Compiled Statues* (Springfield).

In Pennsylvania, ambulances are specifically required to comply with stop signs and red lights.

Pennsylvania Department of Motor Vehicles, "Vehicle Code—Chapter 31," (Harrisburg), 2.

Dan Burden and Paul Zykofsky. "Emergency Response: Traffic Calming and Traditional Neighborhood Streets," (Sacramento: The Local Government Commission Center for Livable Communities, 2001)

Ryan Snyder et al. "Best Practices: Emergency Access in Healthy Streets," (Los Angeles: Los Angeles County Department of Public Health, 2013).

5 Currently, many cities use SU-30 as the design vehicle on non-truck routes. For example, see:

"Design Criteria," *Seattle Right-of-Way Improvements Manual* (Seattle: City of Seattle, 2012).

6 Low "crawl" speeds are referenced by *Flexibility in Highway Design,* (Washington, D.C.: U.S. Dept. of Transportation, Federal Highway Administration, 1997).

7 In New York City, approximately 10% of pedestrian injuries occur at "off-road" locations, such as on sidewalks or inside buildings.

Transportation Alternatives, "1,200 NYC Pedestrians Struck On Sidewalks Every Year," accessed June 3, 2013, http://www.transalt.org/files/newsroom/streetbeat/askta/030425.html.

8 *City Freight Master Plan* (Portland: Portland Office of Transportation, 2006).

设计时段

1 The phenomenon of traffic evaporation is the flip side of induced demand. When road diets occur, drivers choose an alternate route or even an alternate mode.

S. Cairns, S. Atkins, and P. Goodwin, "Disappearing traffic? The story so far," *Municipal Engineer* 151 (2001): 13-22.

2 DDOT (Washington, D.C.) *Comprehensive Transportation Review Manual* requires project applicants to collect traffic data from 7-10 AM and 4-7 PM.

DDOT Guidelines for Comprehensive Transportation Review (CTR) Requirements (Washington, D.C.: District Department of Transportation, 2012).

3 Data collected by the Pima Association of Governments.

"Annual Traffic Count Program," Pima Association of Governments, accessed June 3, 2013, http://www.pagnet.org/regionaldata/traveldataandforecasting/annualtrafficcountprogram/tabid/108/default.aspx.

4 DDOT's Comprehensive Transportation Review Manual states that any proposed changes to roadway geometry must not add delay to other modes. Project applicants must show how a project affects bicycle, pedestrian, and transit travel.

DDOT Guidelines for Comprehensive Transportation Review (CTR) Requirements (Washington, D.C.: District Department of Transportation, 2012).

The city of Baltimore's Traffic Impact Study guidelines require that project submissions include counts for pedestrians and cyclists as well as vehicles.

Procedures and Requirements for Conducting a Traffic Impact Study in Baltimore City Pursuant to Ordinance 06-45 (Baltimore: Baltimore City Department of Transportation, 2007).

5 An estimate of the cost of adding a lane, including new curb and sidewalk, to an urban arterial ranges from $1.65 million [*Roadway Cost Per Centerline Mile* (Tallahassee: Florida Department of Transportation, 2012).] to $4 million [*Houston's Travel Rate Improvement Program: "Toolbox" of Improvement Strategies* (College Station: Texas A&M University, 2001).].

设计年份

1 Vehicle Miles Traveled (VMT) trends are captured by the Office of Highway Policy Information.

"Traffic Volume Trends," accessed June 3, 2013, http://www.fhwa.dot.gov/policyinformation/travel_monitoring/tvt.cfm.

The USDOT reports that the percentage of the US population between ages 16 and 19 holding a driver license has been in decline since 1998. While some of this may be caused by increases in minimum age to drive, trends also hold true for those aged 18, 19, and into their 20s.

2 State Smart Transportation Initiative, "Motor vehicle travel demand continues long-term downward trend in 2011," accessed June 3, 2013, http://www.ssti.us/2012/02/motor-vehicle-travel-demand-continues-long-term-downward-trend-in-2011/vmt-chart-2/.

3 Additional information on the NEPA environmental review process for transportation can be found via the USDOT.

Interim Guidance on the Application of Travel and Land Use Forecasting in NEPA (Washington, D.C.: USDOT, 2010).

The California DOT Guide for the Preparation of Traffic Impact Studies denotes that analysis scenarios should reflect traffic volumes (trip assignment) and peak LOS for the year anticipated of project completion (as compared to a 15-25 year time horizon).

Guide for the Preparation of Traffic Impact Studies (Sacramento: California Department of Transportation, 2002).

The Utah DOT specifies that the design year is based on the level of traffic impact. Projects that generate less trips (<100 ADT) need only analyze the year of completion, whereas projects that generate more trips (greater than 10,000 ADT) require a design year at the opening day of the project, five years, and twenty years.

Traffic Impact Study Requirements (Salt Lake City: Utah Department of Transportation, 2004).

4 Pavithra Parthasarathi and David Levinson, "Post Construction Evaluation of Traffic Forecast Accuracy," Transport Policy (2010): 1-16.

5 Many cities are currently establishing goals to increase non-motorized mode share. Cities include Boston, Chicago, Minneapolis, San Francisco, Portland, and others.

6 In Washington, D.C., annual growth or decrease in through traffic is to be included in traffic analysis based on historical data provided by DDOT. A DDOT Case Manager is given the final authority on projected annual growth (or decline) factors to be used in traffic analysis. *DDOT Guidelines for Comprehensive Transportation Review (CTR) Requirements* (Washington, D.C.: District Department of Transportation, 2012).

7 *National Transportation Statistics* (Washington, D.C.: USDOT Bureau of Transportation Statistics, 2013), 71.

Data derived from bicycling data for 70 largest United States cities.

League of American Bicyclists, "Bicycle Commuting Data," accessed June 3, 2013, http://www.bikeleague.org/news/acs2010.php.

8 Traffic evaporation is the counterpart to induced traffic, in which increased capacity increases demand. Desire for roads, like all economic goods, increases and decreases as supply changes. See for example:

Douglass B. Lee, Lisa A. Klein, and Gregorio Camus, "Induced traffic and induced demand," *Transportation Research Record.* No 1659 (1999): Appendix B.

9 S. Cairns, Carmen Hass-Klau, and Phil Goodwin, *Traffic Impact of Highway Capacity Reductions: Assessment of the Evidence,* (London: Landor Pub, 1998): 29.

10 S. Cairns, S. Atkins, and P. Goodwin, "Disappearing traffic? The story so far," *Municipal Engineer* 151 (2001): 13-22.

11 A literature review of several studies focused on induced demand found that between 50-100% of new roadway capacity is often absorbed by traffic within three or more years. Furthermore, the Handbook of Transportation Engineering notes that urban highway capacity expansion often fails to significantly improve travel times or speeds due to latent demand.

Todd Litman, "Generated Traffic and Induced Travel," *ITE Journal* 71 (2001): 38-47.

12 Caltrans has developed trip-generation rates for urban infill land uses in California.

Trip Generation Rates for Urban Infill Land Uses in California (Sacramento: California Department of Transportation, 2008).

Researchers at UC-Davis have developed a *Smart Growth Trip-Generation Adjustment Tool*, which provides more accurate trip forecasts for urban areas. Final Report: *California Smart-Growth Trip Generation Rates Study* (Davis, CA: University of California, 2013).

13 Transportation is second only to buildings as a source of greenhouse gas emissions, with the vast majority of transportation emissions coming from cars and trucks. Governor Patrick signed the Global Warming Solutions Act into law in 2008, and in 2010 established targets of 25 percent reduction in GHG emissions from 1990 levels by 2020 and an 80 percent reduction from 1990 levels by 2050—the most ambitious GHG emissions limits for any state in the nation.

Massachusetts Department of Transportation, "MassDOT Goal: Triple Travel by Bicycle, Transit, Walking," (October 2012) http://transportation.blog.state.ma.us/blog/2012/10/massdot-goal-triple-travel-by-bicycle-transit-walking.html.

性能评测指标

1 District Office of the Deputy Mayor for Planning and Economic Development, "Great Streets," accessed June 3, 2013, http://www.dc.gov/DC/DMPED/Programs+and+Initiatives/Great+Streets.

2 *Complete Streets Chicago* (Chicago: Chicago Department of Transportation, 2013), 110-112.

3 San Francisco Planning Department, "Transportation Sustainability Program," accessed June 3, 2013, http://www.sf-planning.org/index.aspx?page=3035.

Strategic Analysis Report on Transportation System Level of Service (LOS) Methodologies (San Francisco: San Francisco County Transportation Authority, 2003).

参考文献

街道

邻里街区的主要街道

Burden, Dan and Peter Lagerwey. *Road Diets: Fixing the Big Roads.* Walkable Communities, Inc., 1999.

Ewing, Reid and Michael King. *Flexible Design of New Jersey's Main Streets.* New Brunswick: Voorhees Transportation Policy Institute, 1998.

Lyles, Richard W., M. Abrar Siddiqui, William C. Taylor, Bilal Z. Malik, Gregory Siviy, and Tyler Haan. *Safety and Operational Analysis of 4-lane to 3-lane Conversions (Road Diets) in Michigan.* Lansing: Michigan Department of Transportation, 2012.

McCormick, Cullen. *York Blvd: The Economics of a Road Diet.* Los Angeles: University of California Los Angeles, 2012.

Swirsky, Karen, Nils Eddy, David Olsen, Brian Rankin, Dan Burden, and Pat Kliewer. *Main Street...when a highway runs through it: A Handbook for Oregon Communities.* Portland: Oregon Department of Transportation and Oregon Department of Land Conservation and Development, 1999.

Tan, Carol H. "Going on a Road Diet." *Public Roads* 75 (2011): 1-11.

Welch, Thomas M. "The Conversion of Four-Lane Undivided Urban Roadways to Three-Lane Facilities." Paper presented at the Urban Street Symposium, TRB Circular E-C019, Dallas, Texas, June 28-30, 1999.

绿化街巷

Cassidy, Arly, Josh Newell, and Jennifer Wolch. *Transforming Alleys into Green Infrastructure for Los Angeles.* Los Angeles: Center for Sustainable Cities, University of Southern California, 2008.

Chicago Department of Transportation. *The Chicago Green Alley Handbook: An Action Guide to Create a Greener, Environmentally Sustainable Chicago.* Chicago: 2010.

Nathanson, Benjamin and Danielle Emmet. *Alley Gating & Greening Toolkit.* Baltimore: Ashoka, 2008.

街道设计元素

车道宽度

Fitzpatrick, Kay, Paul J. Carlson, Mark D. Wooldridge, and Marcus A. Brewer. *Design Factors that Affect Driver Speed on Suburban Arterials.* College Station: Texas Transportation Institute, 2000.

Parsons Transportation Group. *Relationship Between Lane Width and Speed Review of Relevant Literature.* Arlington: 2003.

Potts, Ingrid B., Douglas W. Harwood, and Karen R. Richard. "Relationship of Lane Width to Safety for Urban and Suburban Arterials." Paper presented at the Transportation Research Board 86th Annual Meeting, Washington, D.C., January 21-25, 2007.

人行道

Boodlal, Leverson. *Providing Accessible Sidewalks and Street Crossings.* Washington, D.C.: U.S. Department of Transportation, National Highway Administration, 2003.

Brownson, R. C., E. A. Baker, R. A. Housemann, L. K. Brennan, and S. J. Bacak. "Environmental and policy determinants of physical activity in the United States." *American Journal of Public Health*, 91(12), 1995-2003.

Eyler, A.A., R.C. Brownson, S.J. Bacak, and R.A. Housemann, (2003). "The epidemiology of walking for physical activity in the United States." *Medicine & Science in Sports & Exercise* (2003): 35(9), 1529-1536.

Lowbar, Kayla. "Outdoor Cafes/Widened Sidewalks." Accessed February 15, 2013. http://depts.washington.edu/open2100/Resources/2_OpenSpaceTypes/Open_Space_Types/KaylaLowberOutdoorcafes.pdf.

Sax, Christian R., Thomas H. Maze, Reginald R. Souleyrette, Neal Hawkins, and Alicia L. Carriquiry. "Optimum Urban Clear Zone Distance." *Transportation Research Record* 2195 (2010): 27-35.

垂直限速设施

Burden, Dan and Paul Zykofsky. *Emergency Response: Traffic Calming and Traditional Neighborhood Streets.* Sacramento: Local Government Commission Center for Livable Communities, 2000.

City of Portland. "Impact of Traffic Calming Devices on Emergency Vehicles Report." Accessed February 2, 2012. http://www.portlandoregon.gov/transportation/article/85498.

Delaware Department of Transportation. *Delaware Traffic Calming Design Manual.* Dover: 2012.

Huang, Herman F. and Micahel J. Cynecki. "Effects of Traffic Calming Measures on Pedestrian and Motorist Behavior." *Transportation Research Record* 1705 (2000): 26-31.

Parkhill, Margaret, Rudolph Sooklall, and Geni Bahar. "Updated Guidelines for the Design and Application of Speed Humps." Paper presented at the CITE Conference, Toronto, Ontario, May 6-9, 2007.

Sacramento City Council. *Resolution No. 2008-090 Speed Hump Program Guidelines.* Sacramento: 2008.

公交街道

Carry, William, Eric Donnell, Zoltan Rado, Martin Hartman, and Steven Scalici. *Red Bus Lane Treatment Evaluation.* Washington, D.C.: Institute of Transportation Engineers, 2012.

Beaton, Eric B., Evan Bialostozky, Oliver Ernhofer, Theodore V. Orosz, Taylor Reiss, and Donald Yuratovac. "Designing Bus Rapid Transit Facilities for Constrained Urban Arterials: A Case Study of the Webster Avenue BRT Running Way Design Selection Process." Paper presented at the Transportation Research Board 92nd Annual Meeting, Washington, D.C., January 13-17, 2013.

Delaware Valley Regional Planning Commission. *SEPTA Bus Stop Design Guidelines*. Philadelphia: 2012.

Hillsman, Edward L., Sara J. Hendricks, and JoAnne K. Fiebe. *A Summary of Design, Policies and Operational Characteristics for Shared Bicycle/Bus Lanes*. Tallahassee: Florida Department of Transportation Research Center, 2012.

Panero, Marta, Hyeon-Shic Shin, Allen Zedrin, and Samuel Zimmerman. *Peer-to-Peer Information Exchange on Bus Rapid Transit (BRT) and Bus Priority Best Practices*. New York: Rudin Center for Transportation Policy and Management, 2012.

Sando, T. and R. Moses. *Integrating Transit Into Traditional Neighborhood Design Policies—The Influence Of Lane Width On Bus Safety*. Tallahassee: Florida Department of Transportation, 2009.

Vanasse Hangen Brustlin, Inc., Foursquare Integrated Transportation Planning, and National Bus Rapid Transit Institute. *Bus Priority Treatment Guidelines*. Washington, D.C.: National Capital Region Transportation Planning Board, 2011.

Washington Department of Transportation. "Transit Facilities," in *Design Manual*. Olympia: 2009.

Weinstein Agrawal, Asha, Todd Goldman, and Nancy Hannaford. *Shared-Use Bus Priority Lanes on City Streets: Case Studies in Design and Management*. San Jose: Mineta Transportation Institute, 2012.

Zlatkovic, Milan, Aleksandar Stevanovic, and R. M. Zahid Reza. "Effects of Queue Jumpers and Transit Signal Priority on Bus Rapid Transit." Paper presented at the Transportation Research Board 92nd Annual Meeting, Washington, D.C., January 13-17, 2013.

临时性设计策略

街边休息区

Brozen, Madeline and Anastasia Loukaitou-Sideris. "Reclaiming the Right-of-Way—Best Practices for Implementing and Designing Parklets." Paper presented at the Transportation Research Board 92nd Annual Meeting, Washington, D.C., January 13-17, 2013.

Mayor's Office of Transportation and Utilities. *Philadelphia Parklet Program Guidelines*. Philadelphia: 2013.

San Francisco Planning Department. *San Francisco Parklet Manual*. San Francisco: 2013.

临时性封闭街道

The Open Streets Guide. Street Plans and Alliance for Biking & Walking, 2012.

道路交叉路口

Caltrans, Alta Planning+Design, and Cambridge Systematics. *Complete Intersections: A Guide to Reconstructing Intersections and Interchanges for Bicyclists and Pedestrians*. Sacramento: California Department of Transportation, 2010.

小型环岛

Walking Info. "Neighborhood Traffic Circles, Seattle WA." Accessed April 9, 2012. www.walkinginfo.org/pedsafe/casestudy.cfm?CS_NUM=56.

交叉路口设计元素

人行横道

Bak, Radoslaw and Mariusz Kiec. "Influence of Midblock Pedestrian Crossings on Urban Street Capacity." *Transportation Research Record* 2316 (2012): 76-83.

Boodlal, Leverson. *Providing Accessible Sidewalks and Street Crossings*. Washington, D.C.: U.S. Department of Transportation, National Highway Administration, 2003.

Branyan, George. *DC Experience with the HAWK—Hybrid Pedestrian Signal and Rectangular Rapid Flashing Beacons*. Presentation by the District Department of Transportation.

City of Boulder Transportation Division. *Pedestrian Crossing Treatment Warrants*. Boulder: 1996.

City of Boulder Transportation Division. *Pedestrian Crossing Treatment Installation Guidelines: Installation Guidelines*. Boulder: 2011.

CTC & Associates LLC and WisDOT Research & Library Unit. *HAWK Pedestrian Signals: A Survey of National Guidance, State Practice and Related Research*. Madison: Wisconsin Bureau of Highway Operations, 2010.

Fitzpatrick, Kay, Shawn Turner, Marcus Brewer, Paul Carlson, Brooke Ullman, Nada Trout, Eun Sug Park, Jeff Whitacre, Nazir Lalani, and Dominique Lord. *TCRP Report 112/NCHRP Report 562: Improving Pedestrian Safety at Unsignalized Crossings*. Washington, D.C.: Transportation Research Board, 2006.

Hunter, William W., Raghavan Srinivasan, and Carol A. Martell. *Evaluation of the Rectangular Rapid Flash Beason at a Pinellas Trail Crossing in St. Petersburg, Florida*. University of North Carolina Highway Safety Research Center, 2009.

Ragland, David R. and Meghan Fehlig Mitman. *Driver/Pedestrian Understanding and Behavior at Marked and Unmarked Crosswalks*. Berkeley: UC Berkeley Traffic Safety Center, 2007.

Yee, Bond M. *SFMTA Crosswalk Guidelines*. San Francisco: San Francisco Municipal Transportation Agency, 2012.

街角半径

Levine, Kendra K. *Curb Radius and Injury Severity at Intersections.* Berkeley: Institute of Transportation Studies Library, 2012.

可见度和视距

Macdonald, Elizabeth, Alethea Harper, Jeff Williams, and Jason A. Hayter. *Street Trees and Intersection Safety.* Berkeley: Institute of Urban and Regional Development, 2006.

设计控制参数

设计速度

Ashton, S.J. and G.M. MacKay. "Some characteristics of the population who suffer trauma as pedestrians when hit by cars and some resulting implications." Accident Research Unit: Department of Transportation and Environmental Planning, University of Birmingham, England, 1979.

Bartmann, A, W. Spijkers, and M. Hess. "Street Environment, Driving Speed and Field of Vision." In *Vision in Vehicles III,* edited by A.G. Gale et al, 281–389. Amsterdam: Elsevier Science Publishers B.V., 1991.

Rosén E., J.E. Källhammer, D. Eriksson, M. Nentwich, R. Fredriksson, and K. Smith. "Pedestrian injury mitigation by autonomous braking." *Accident; Analysis and Prevention* 42 (2010): 1949–1957.

Rosén E., H. Stigson, and U. Sander. "Literature review of pedestrian fatality risk as a function of car impact." *Accident; Analysis and Prevention* 43 (2011): 25–33.

性能评测指标

The following references correspond to the list of alternative performance measures on p. 166:

Dowling, Richard. *Multimodal Level of Service Analysis for Urban Streets: Users Guide, Appendix D to Contractor's Final Report for NCHRP Project 3-70.* Oakland: National Cooperative Highway Research Program, 2008.

National Research Council (U.S.). *Highway Capacity Manual.* Washington, D.C.: Transportation Research Board, National Research Council (2000): Ch. 13.

Gehl, Jan. *Cities for People.* Washington, D.C.: Island Press, 2010.

Sanders, Rebecca, Elizabeth Macdonald, and Alia Anderson. "Performance Measures for Complete, Green Streets: A Proposal for Urban Arterials in California." Paper presented at the Transportation Research Board 88th Annual Meeting, Washington, D.C., January 11-15, 2009.

Sanders, Rebecca, Elizabeth Macdonald, Alia Anderson, David R. Ragland, Jill F. Cooper. *Performance Measures for Complete, Green Streets: Initial Findings for Pedestrian Safety along a California Corridor.* Berkeley: Safe Transportation Research & Education Center, 2011.

UCLA Center for Occupational and Environmental Health. *Walkability & Pedestrian Safety in Boyle Heights Using the Pedestrian Environmental Quality Index (PEQI)* Los Angeles: University of California Los Angeles, 2013.

Sprinkle Consulting Inc. *Bicycle Level of Service Applied Model.* Tampa: 2007.

Bicycle Compatibility Index. Washington, D.C.: USDOT Federal Highway Administration.

Similar to the Pedestrian Environmental Quality Index, BEQI was developed by the San Francisco Department of Public Health: San Francisco Department of Public Health. "Bicycle Environmental Quality Index." Accessed June 3, 2013. http://www.sfphes.org/elements/24-elements/tools/102-bicycle-environmental-quality-index.

National Research Council (U.S.). *Highway Capacity Manual.* Washington, D.C.: Transportation Research Board, National Research Council (2000).

Texas Transportation Institute. *2012 Urban Mobility Report.* College Station: Texas Transportation Institute, 2012.

American Public Transportation Association. *2011 Public Transportation Fact Book.* Washington, D.C.: American Public Transportation Association, 2011.

Lindquist, Kathy, Michel Wendt, and James Holbrooks. *Transit Farebox Recovery and US and International Transit Subsidization.* Olympia: WSDOT, 2009.

AASHTO. *A Policy on Geometric Design of Highways and Streets.* Washington, D.C.: American Association of State Highway and Transportation Officials, 2011. Section 2-66.

ITE. *Designing Walkable Urban Thoroughfares: A Context Sensitive Approach.* Washington, D.C.: Institute of Transportation Engineers, 2010.

功能分类

Forbes, Gerry. "Urban Roadway Classification: Before the Design Begins." Paper presented at the Urban Street Symposium, TRB Circular E-C019, Dallas, Texas, June 28-30, 1999.

Marshall, Stephen, Peter Jones, and Ian Plowright. *A Framework for Classification and Assessment of Arterial Streets.* London: University of Westminster, 2004.

其他研究参考

Campbell, Richard and Margaret Wittgens. *The Business Case for Active Transportation: The Economic Benefits of Walking and Cycling.* Gloucester, ON: Go for Green, 2004.

Daniel, Janice Steven Chien, and Rachel Liu. *Effectiveness of Certain Design Solutions on Reducing Vehicle Speeds.* Newark: New Jersey Institute of Technology, 2005.

Dixon, K. K., and K. L. Wolf. Benefits and Risks of Urban Roadside Landscape: *Finding a Livable, Balanced Response.* Proceedings of the 3rd Urban Street Symposium, Seattle, Washington, June 24-27, 2007.

Dixon, Karen K., Michael Liebler, Hong Zhu, Michael P. Hunter, and Berry Mattox. *NCHRP Report 612: Safe and Aesthetic Design of Urban Roadside Treatments.* Washington, D.C.: Transportation Research Board, 2008.

Drennen, Emily. *Economic Effects of Traffic Calming on Urban Small Businesses.* San Francisco: San Francisco State University, 2003.

Dumbaugh, Eric and Wenhao Li. "Designing for the Safety of Pedestrians, Cyclists, and Motorists in Urban Environments." *Journal of the American Planning Association* 77 (2011): 69-88.

Dumbaugh, Eric. "Design of Safe Urban Roadsides: An Empirical Analysis." *Transportation Research Record* 1961 (2006): 74-82.

Dumbaugh, Eric. "Safe Streets, Livable Streets." *Journal of the American Planning Association* 71 (2005): 283-300.

Harvey, Nina, Carla Jaynes, Yennga Khuong, and Vincent Riscica. "Framework for Innovative Public Spaces." Paper presented at the Transportation Research Board 92nd Annual Meeting, Washington, D.C., January 13-17, 2013.

Laplante, John and Barbara McCann. "Complete Streets: We Can Get There from Here." *ITE Journal* (May 2008): 24-28.

Litman, Todd Alexander. "Economic Value of Walkability." *Transportation Research Record* 1828 (2003): 3-11.

Litman, Todd. *Evaluating Complete Streets: The Value of Designing Roads for Diverse Modes, Users and Activities.* Victoria: Victoria Transport Policy Institute, 2013.

Pedestrian and Bicycle Information Center. *Case Study Compendium.* 2010.

Pratt, Richard H., Herbert S. Levinson, Shawn M. Turner, and Daniel Nabors. "TCRP Report 95: Traveler Response to Transportation System Changes." Paper presented at the Transportation Research Board 91st Annual Meeting, Washington, D.C., January 22-26, 2012.

Sanders, Rebecca L. and Jill F. Cooper. "Do All Roadway Users Want the Same Things?: Results from a Roadway Design Survey of Pedestrians, Drivers, Bicyclists, and Transit Users in the Bay Area." Paper presented at the Transportation Research Board 92nd Annual Meeting, Washington, D.C., January 13-17, 2013.

Shapard, James and Mark Cole. *Do Complete Streets Cost More than Incomplete Streets?* Washington, D.C.: Transportation Research Board, 2013.

Sztabinski, Fred. *Bike Lanes, On-Street Parking and Business: A Study of Bloor Street in Toronto's Annex Neighbourhood.* Toronto: Clean Air Partnership, 2009.

Ukkusuri, Satish, Luis F. Miranda-Moreno, Gitakrishnan Ramadurai, and Jhael Isa-Tavarez. "The role of built environment on pedestrian crash frequency." *Safety Science* 50 (2012): 1141-1151.

其他设计指南

Abu Dhabi Urban Planning Council. *Abu Dhabi Urban Street Design Manual.* Design Guidelines, Abu Dhabi: Abu Dhabi Urban Planning Council.

Charlotte Department of Transportation. *Urban Street Design Guidelines.* Design Guidelines, Charlotte: City of Charlotte, 2007.

Chicago Department of Transportation. *Complete Streets Chicago.* Design Guidelines, Chicago: Chicago Department of Transportation, 2013.

City of Atlanta. *Connect Atlanta Plan | Street Design Guidelines.* Comprehensive Transportation Plan, Atlanta: City of Atlanta, 2008.

City of Boston. *Boston Complete Streets Design Guidelines.* Design Guidelines, Boston: City of Boston, 2010.

City of Minneapolis. *Access Minneapolis.* Plan, Minneapolis: City of Minneapolis, 2008.

City of New Haven. *New Haven Complete Streets Design Manual 2010.* Design Guidelines, New Haven: City of New Haven, 2010.

City of Phoenix. *Street Planning and Design Guidelines.* Design Guidelines, Phoenix: City of Phoenix, 2009.

City of Roanoke. *Street Design Guidelines.* Design Guidelines, Roanoke: City of Roanoke, 2007.

City of Sacramento Public Works Department. *Pedestrian Safety Guidelines.* Design Guidelines, Sacramento: City of Sacramento, 2003.

City of San Diego Planning Department, MW Steele Group, Stephner Design Group. *The City of San Diego Street Design Manual.* Design Manual, San Diego: City of San Diego, 2002.

City of San Francisco. *San Francisco Better Streets Plan.* Design Guidelines, San Francisco: City of San Francisco, 2010.

City of Seattle. *Chapter 6 | Streetscape Design Guidelines.* Design Guidelines, Seattle: City of Seattle, 2012.

City of Tacoma. *Complete Streets Design Guidelines Project.* Design Guidelines, Tacoma: City of Tacoma, 2009.

City of Toronto. *Vibrant Streets / Toronto's Coordinated Street Furniture Program Design and Policy Guidelines.* Design Guidelines, Toronto: Toronto City Planning, Clean & Beautiful City Secretariat and Transportation Services, 2006.

District of Columbia Department of Transportation. *Design and Engineering Manual.* Design Guidelines, Washington, D.C.: District of Columbia Department of Transportation, 2009.

Sydney GM Urban Design and Architecture. *Street Design Guidelines for Landcom Projects.* Design Guidelines.

Gujarat Institute for Transportation & Development Policy, Environmental Planning Collaborative. *Better streets, better cities.* Design Guidelines, Gujarat: Government of Gujarat, 2011.

Institute of Transportation Engineers. *Designing Walkable Urban Thoroughfares: A Context Sensitive Approach.* Washington, D.C., 2010.

Kimley-Horn Associates, Toole Design Group, MIG. *City of Dallas Complete Streets Design Manual [Draft].* Design Guidelines, Dallas: City of Dallas, 2012.

Knoxville Regional Transportation Planning Organization. *Complete Streets Design Guidelines.* Design Guidelines, Knoxville: Knoxville Regional Transportation Planning Organization, 2009.

Los Angeles County. *Model Design Manual for Living Streets.* Design Manual, Los Angeles: Los Angeles County, 2011.

Metro Louisville. *Complete Streets Manual.* Design Guidelines, Louisville: Metro Louisville, 2007.

Metro Regional Services. *Creating Livable Streets: Street Design Guidelines for 2040.* Portland, 1997.

Missouri Livable Streets. *Missouri Livable Streets Design Guidelines.* Design Guidelines, Missouri Livable Streets, 2011.

National Association of City Transportation Officials. *NACTO Urban Bikeway Design Guide.* Design Guidelines, NACTO, 2011.

Neighborhood Streets Project Stakeholders. *Neighborhood Street Design Guidelines.* Design Guidelines, Salem: State of Oregon, 2000.

Nelson\Nygaard and National Complete Streets Coalition. *Complete Streets Handbook.* Kansas City: Mid-America Regional Council, 2012.

New York City Department of Transportation. *Street Design Manual.* Design Guidelines, New York City: New York City Department of Transportation, 2009.

Portland Office of Transportation. *Design Guide for Public Street Improvements.* Design Guide, Portland: Portland Office of Transportation, 1993.

Portland Office of Transportation. *Portland Pedestrian Design Guide.* Design Guide, Portland : Portland Office of Transportation, 1998.

Public Works Department, City of Sacramento. *Pedestrian Safety Guidelines.* Sacramento: 2003.

San Francisco Planning Department. "Street Designs," in *Better Streets Plan.* San Francisco: 2010.

Smart Mobility, ORW, Oman Analytics. *Street Design Guidelines / Burlington Transportation Plan.* Design Guidelines, Burlington: City of Burlington.

Storrow Kinsella Associates Inc. *Multi-Modal Corridor and Public Space Design Guidelines.* Design Guidelines, Indianapolis: Indianapolis MPO, 2008.

UK Department for Transport. *Manual for Streets.* Design Guidelines, Thomas Telford Publishing, 2007.

致谢

项目指导委员会

Joshuah Mello, A.I.C.P.
Assistant Director of Planning: Transportation
Atlanta Department of Planning and Community Development

Michele Wynn
Public Works Manager
Atlanta Department of Public Works

Gary W. Schatz, P.E., PTOE
Austin Transportation Department

Theo Ngongang
Planning Division Chief
Baltimore Department of Transportation

Vineet Gupta
Director of Policy and Planning
Boston Transportation Department

Chris Wuellner
Division of Project Development
Chicago Department of Transportation

Nathan Roseberry, P.E.
Senior Bikeways Engineer
Chicago Department of Transportation

Jeffrey Weatherford, P.E.
Deputy Director of Public Works
Houston Department of Public Works and Engineering

Carl Smitha, P.E.
Managing Engineer
Houston Department of Public Works and Engineering

Jay Kim, P.E.
Assistant General Manager
Los Angeles Department of Transportation

Don Elwood, P.E.
Director of Transportation Planning and Engineering
Minneapolis Department of Public Works

Nicholaas Peterson
Senior Project Manager
New York City Department of Transportation

Michael Flynn, A.I.C.P., LEED PA
Director, Capital Planning and Project Initiation
New York City Department of Transportation

Jamie Parks, A.I.C.P.
Senior Transportation Planner
Oakland Public Works Department

Stephen Buckley, A.I.C.P., P.E.
Director of Policy and Planning
Mayor's Office of Transportation and Utilities, Philadelphia

Ariel Ben-Amos
Senior Planner/Analyst
Mayor's Office of Transportation and Utilities, Philadelphia

Shane Silsby, P.E.
Deputy Street Transportation Director
Phoenix Streets Department

Christine Fanchi, P.E.
Transportation Engineer
Phoenix Streets Department

Peter Koonce, P.E.
Division Manager, Signals and Street Lighting Division
Portland Bureau of Transportation

Kurt Krueger
Development Review Manager
Portland Bureau of Transportation

Seleta Reynolds, A.I.C.P.
Manager, Livable Streets Division
San Francisco Municipal Transportation Agency

Susan McLaughlin, A.I.C.P., LEED AP
Transportation Planning and Urban Design Strategy Advisor
Seattle Department of Transportation

Kevin O' Neill, A.I.C.P.
Planning and Urban Design Manager
Seattle Department of Transportation

Darby Watson
Urban Design Lead
Seattle Department of Transportation

Sam Zimbabwe, LEED AP
Associate Director, Policy, Planning, and Sustainability
District Department of Transportation

Jim Sebastian, A.I.C.P.
Manager, Active Transportation Policy, Planning, and Sustainability
District Department of Transportation

Mike Goodno
Bicycle Program Specialist
District Department of Transportation

Linda Bailey
Acting Executive Director
National Association of City Transportation Officials

David Vega-Barachowitz
Director, Designing Cities
National Association of City Transportation Officials

咨询团队

NELSON\NYGAARD CONSULTING ASSOCIATES

Michael King, R.A. (project manager)

Stephanie Wright, A.I.C.P. (deputy project manager)

Paul Supawanich, A.I.C.P.

Will Sherman

Technical Reviewers: Chester (Rick) Chellman, P.E., Paul Moore, P.E., Michael Moule, P.E.

Interns: Sam Frommer; Alyssa Pichardo

PURE+APPLIED

Urshula Barbour

Paul Carlos

Nick Cesare

Karilyn Johanesen

Carrie Kawamura

SHERWOOD DESIGN ENGINEERS

Tom Bacus, P.E.

Theodore C. Lim, LEED AP, BD+C

BLINKTAG WEB DEVELOPMENT

Brendan Nee

Trucy Phan

Graphic renderings by Frances Hsia, National Association of City Transportation Officials

Case Studies compiled by Corinne Kisner, National Association of City Transportation Officials

SPECIAL THANKS TO

NYC DOT: Joshua Benson, Carly Clark, Thomas Maguire, David Moidel, Margaret Newman, Jon Orcutt, Sean Quinn, Matthew Roe, Ryan Russo, Bruce Schaller, Lacy Shelby, Karin Sommer, Randy Wade, Emily Weidenhof, Andy Wiley-Schwartz; Ron Thaniel, NACTO; Neil Kopper, Austin Department of Public Works; Katherine Watkins, City of Cambridge Department of Public Works; Romel Pascual, City of Los Angeles; Stephen Villavaso, CicLAvia

Photo Credits: NYC DOT; University City District, Philadelphia; Michael King, Nelson\Nygaard Consulting Associates; David Vega-Barachowitz, NACTO; Michael Flynn, NYC DOT; Joshua Mello, City of Atlanta; Susan McLaughlin, Seattle DOT; Ariel Ben-Amos, City of Philadelphia; Olugbenro Ogunsemore; GREENGARAGE; Sherwood Engineers; Paul Supawanich

图书在版编目(CIP)数据

城市街道设计指南 / 美国国家城市交通官员协会著；杨柳，刘大川，胡一可译. —— 南京：江苏凤凰科学技术出版社，2018.10
（美国城市交通官员协会街道设计指南）
ISBN 978-7-5537-9394-8

Ⅰ. ①城 ... Ⅱ. ①美 ... ②杨 ... ③刘 ... ④胡 ... Ⅲ. ①城市道路－设计－指南 Ⅳ. ① U412.37-62

中国版本图书馆 CIP 数据核字 (2018) 第 146256 号

江苏省版权局著作权合同登记号：10-2017-380

Published by arrangement with Island Press through Bardon-Chinese Media Agency

城市街道设计指南

著　　者　美国国家城市交通官员协会
译　　者　杨　柳　刘大川　胡一可
审　　校　张　涛
项目策划　凤凰空间 / 张晓菲　常　璐
责任编辑　刘屹立　赵　研
特约编辑　常　璐

出版发行　江苏凤凰科学技术出版社
出版社地址　南京市湖南路 1 号 A 楼，邮编：210009
出版社网址　http://www.pspress.cn
总　经　销　天津凤凰空间文化传媒有限公司
总经销网址　http://www.ifengspace.cn
印　　刷　上海利丰雅高印刷有限公司

开　　本　889 mm×1 194 mm　1/16
印　　张　11.75
版　　次　2018 年 10 月第 1 版
印　　次　2024 年 10 月第 2 次印刷

标准书号　ISBN 978-7-5537-9394-8
定　　价　198.00 元

图书如有印装质量问题，可随时向销售部调换（电话：022—87893668）。